湖北大冶市
建筑企业
2022

大冶市住房和城乡建设局 ｜ 编
大冶市建筑业协会

HUBEI DAYE CITY
CONSTRUCTION
ENTERPRISE

中国城市出版社

HUBEI DAYE CITY
CONSTRUCTION
ENTERPRISE
2022

序

　　百强大冶、建筑为基。建筑业是我市支柱产业、富民产业、品牌产业。今年是党的二十大、湖北省的第十二次党代会召开之年，也是大冶奋进全国县域经济 50 强的关键之年，由大冶市住房和城乡建设局、大冶市建筑业协会共同组织编印的《湖北大冶市建筑企业 2022》终于付梓了，这既是大冶建筑业发展史上的一件大事，更是展示我市建筑企业风采、助推行业发展的务实举措。

　　大冶历史悠久、底蕴深厚，素有"百里黄金地，江南聚宝盆"美誉，有着近 4000 年的采冶史，是华夏青铜文化的发祥地、近代民族工业的摇篮、中国保健酒生产基地和中国古建筑之乡。中华人民共和国成立后，大冶建筑业从小到大、从弱到强，在改变城乡面貌、促进经济发展等方面做出了重要贡献。改革开放之初，我市建筑企业抢抓机遇、乘势而起，深耕湖北、经略九州，以敏锐的眼光和过人的胆识在全国各地开疆辟土，十万建筑大军在全国各地纵横驰骋，奉献了一大批精品工程。转型发展时期，大冶众多建筑企业初心不改、迎难而上，内抓管理、外拓市场，呈现出强劲的发展势头，建筑业成为大冶转型发展的重要支撑。

　　一直以来，大冶市市委市政府高度重视建筑业发展，相继出台了一系列支持建筑业发展的政策文件，旗帜鲜明、毫不动摇地支持我市建筑业企业做大做强、发展壮大，涌现出了大冶城建集团、大冶铜建集团、湖北殷祖古建等一大批优质建筑业企业。目前，我市建筑业产值占据黄石半壁江山，大冶成为鄂东南地区综合实力强劲的建筑业企业集散地。大冶共有建筑企业 298 家，其中建筑工程施工总承包资质 151 家（一级 12 家、二级 21 家、三级 118 家）；专业承包资质 147 家（一级 25 家、二级 19 家），涵盖建筑施工、市政工程等 30 个类别，具有较强的综合施工能力和市场竞争力。因篇幅有限，本画册精心选录了 31 家代表性企业，充分展示我市建筑企业的实力和风采，进一步提升我市优质企业的知名度和影响力，助推大冶建筑行业高质量发展。

　　欲穷千里目，更上一层楼。希望大冶广大建筑业企业以此次画册出版、发行、宣传、推广为契机，完整、准确、全面贯彻新发展理念，落实低碳、绿色、节能建筑标准，鼓足干劲、再接再厉，蓄势而发、乘势而上，继续在全国建筑业的主战场贡献大冶智慧、展现大冶作为，为大冶奋进全国县域经济 50 强作出更多贡献、创造更大辉煌！

中共黄石市市委常委

大冶市市委书记

2022.3.16

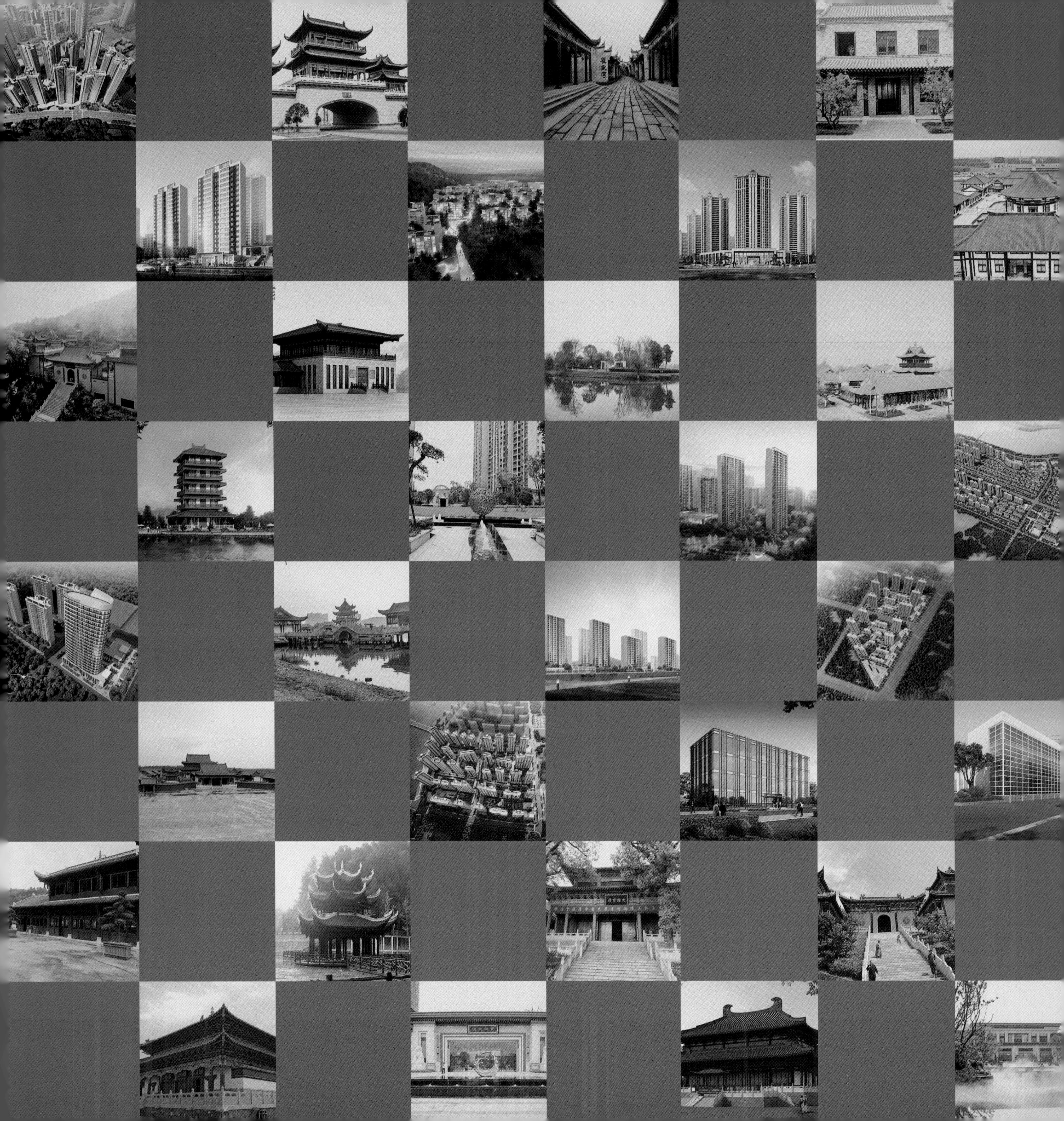

目 录 Contents

HUBEI DAYE CITY
CONSTRUCTION
ENTERPRISE
2022

一

建筑工程
施工总承包

大冶城建集团有限公司
DAYE CHENGJIAN GROUP CO., LTD.

公司简介
Company Profile

　　大冶城建集团始建于 1968 年成立的大冶镇泥木建筑队，1999 年组建为大冶城建集团有限公司，2003 年经大冶市人民政府批准改制为民营企业。公司注册资本 10189 万元。

　　公司拥有房屋建筑工程施工总承包一级资质和市政公用工程总承包一级资质，是大冶市首家同时拥有该两项一级资质的公司；房地产开发二级资质；建筑装修装饰工程专业承包二级资质；古建筑工程专业承包、地基基础工程专业承包三级资质。公司现已发展为以房屋建筑、市政公用工程施工和房地产开发为龙头，集五星级酒店经营管理、装修装饰、混凝土构件生产、建筑劳务、物资租赁、物业管理为一体的综合性集团公司。

　　公司连年获得"全国守合同重信用企业""湖北省助力乡村振兴'万企兴万村'行动标兵""湖北省建筑业重点培育企业""湖北省建筑工程质量安全'楚天杯'创建先进企业""湖北省文明诚信示范企业""湖北省建筑业 AAA 信用等级企业""黄石市先进基层党组织""黄石市先进民营企业""黄石市建市 70 年 70 品牌先进制造业品牌""黄石市首届诚信示范培育企业""黄石市十强建筑业企业""大冶市 A 级纳税人""大冶市安全生产先进施工企业"和"大冶市先进单位"等殊荣。

　　近年来，公司承建的工程项目先后荣获湖北省建设优质工程"楚天杯"奖、黄石市建设优质工程"铜都杯"奖、鄂州市建设优质工程"吴都杯"奖等 69 项荣誉，其中公司承建的大冶市东岳路土地所住宅楼和阳新县人民医院医技大楼项目分别荣获该地区首个湖北省建设优质工程"楚天杯"奖。

　　公司董事长叶宗林荣获"全国质量管理先进工作者""湖北省优秀企业家""湖北省劳动模范""黄石市人大代表"。

　　公司秉持"质量第一，用户至上"的经营理念和"做一项工程，铸一个精品"的服务宗旨，热忱期望与社会各界携手合作，共谋发展！

企业资质
Enterprise Qualification

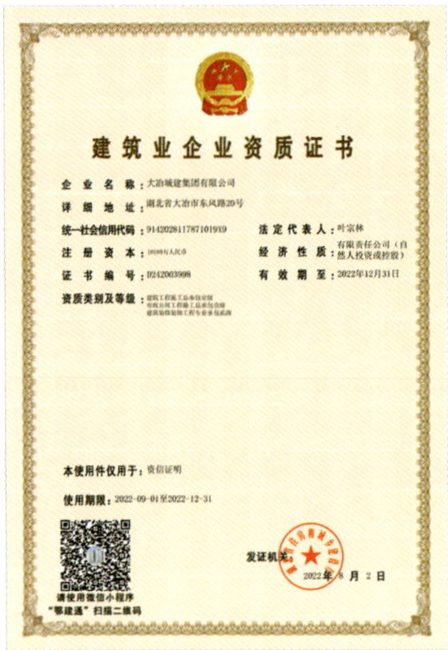
建筑业企业资质证书

企业名称：大冶城建集团有限公司

发证机关：

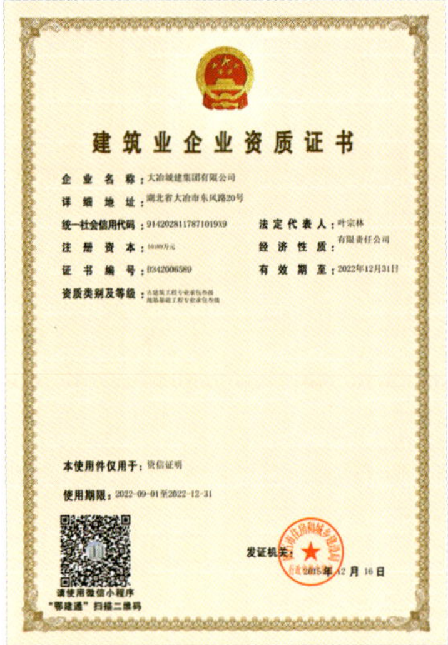
建筑业企业资质证书

企业名称：大冶城建集团有限公司

发证机关：

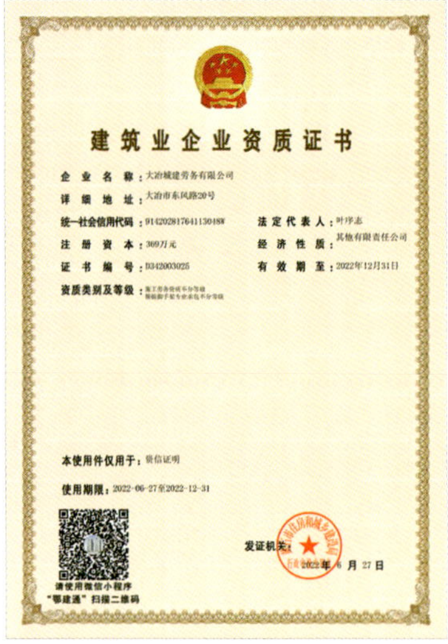
建筑业企业资质证书

企业名称：大冶城建劳务有限公司

发证机关：

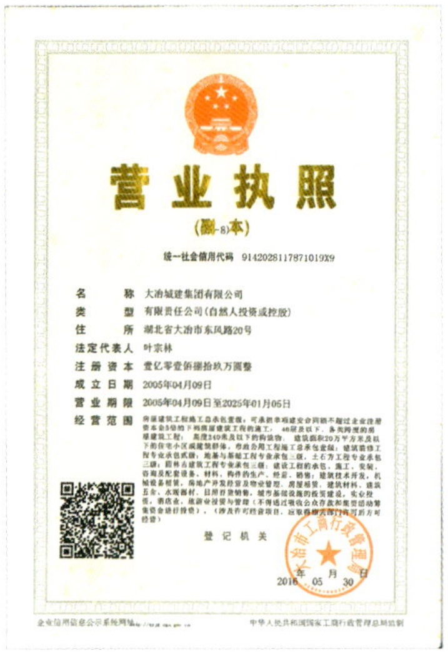
营业执照

（副本）

统一社会信用代码 91420281178710193Э

名 称 大冶城建集团有限公司

类 型 有限责任公司（自然人投资或控股）

住 所 湖北省大冶市东风路20号

法定代表人 叶宗林

注册资本 壹亿零壹佰捌拾玖万圆整

成立日期 2005年04月09日

营业期限 2005年04月09日至2025年01月05日

经营范围

登记机关

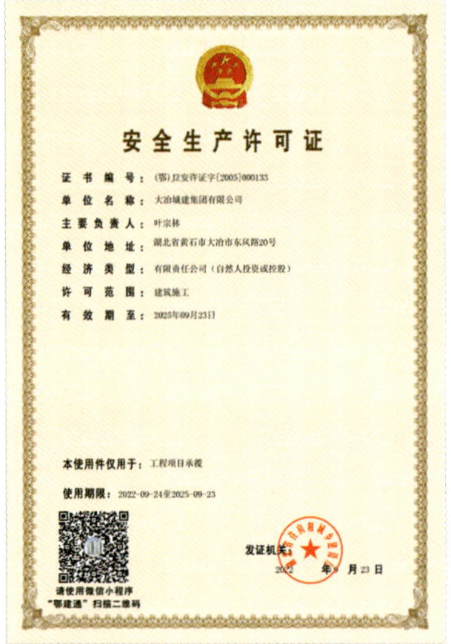
安全生产许可证

单位名称：大冶城建集团有限公司

主要负责人：叶宗林

单位地址：湖北省黄石市大冶市东风路20号

经济类型：有限责任公司（自然人投资或控股）

许可范围：建筑施工

发证机关：

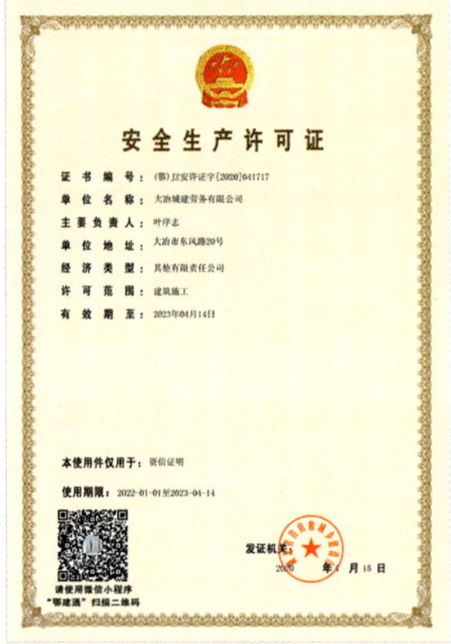
安全生产许可证

单位名称：大冶城建劳务有限公司

主要负责人：叶序志

单位地址：大冶市东风路20号

经济类型：其他有限责任公司

许可范围：建筑施工

发证机关：

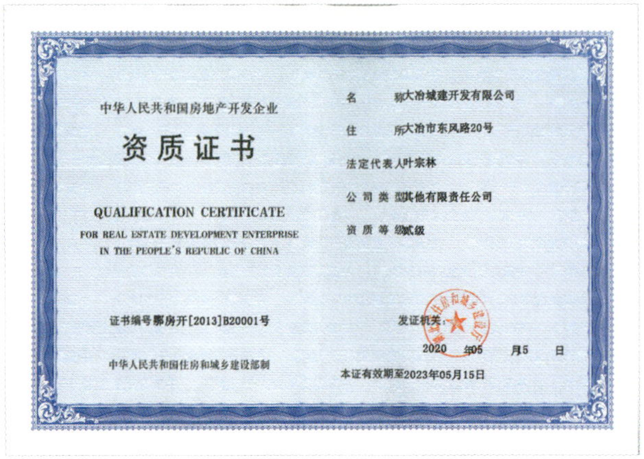
中华人民共和国房地产开发企业

资质证书

QUALIFICATION CERTIFICATE

FOR REAL ESTATE DEVELOPMENT ENTERPRISE

IN THE PEOPLE'S REPUBLIC OF CHINA

证书编号鄂房开[2013]B20001号

中华人民共和国住房和城乡建设部

名 称大冶城建开发有限公司

住 所大冶市东风路20号

法定代表人叶宗林

公司类型其他有限责任公司

资质等级贰级

发证机关：

2020 年05 月5 日

本证有效期至2023年05月15日

- 建筑工程施工总承包一级
- 市政公用工程施工总承包一级
- 建筑装修装饰工程专业承包二级
- 房地产开发二级
- 古建筑工程专业承包三级
- 地基基础工程专业承包三级
- 施工劳务不分等级
- 预制构件
- 设备租赁
- 物业管理

HUBEI DAYE CITY CONSTRUCTION ENTERPRISE 2022

大冶中心综合体工程

黄石市自然资源和规划局办公楼工程

大冶市实验高中新校区工程

黄石市中医院团城山住院综合楼工程

大冶东方华宇一品人家南、北区工程

鄂州市宏维新天地工程

黄石市新港工业园新港大道南延道路、排水工程

广西田西高速四部4标道路及桥涵工程

十堰经济技术开发区神鹰三路道路工程

大冶铜建集团有限公司

Daye Copper Construction Group Co.，Ltd.

公司简介
Company Profile

集团总部办公楼

湖北分公司办公楼

四川分公司办公楼

海南分公司办公楼

大冶铜建集团有限公司（原大冶市铜绿山建筑工程有限责任公司）创立于1971年，因地处世界青铜文化发源地之一的铜绿山麓而得名，是国家房屋建筑工程施工总承包一级资质、市政公用工程施工总承包三级资质企业，并获得地基与基础工程、建筑装修装饰工程、建筑机电安装工程三个专业承包一级资质和钢结构工程专业承包二级资质。公司近几年先后被授予"全省纳税信用A级纳税人"，"湖北省最佳投资信誉企业"，"湖北省十佳信誉单位"，"湖北省守合同、重信用企业"，"黄石市守合同、重信用企业"，黄石地区产值和规模上缴税收"双百强"企业，"黄石市十强建筑企业"，"大冶市建筑企业红旗单位"和"大冶市守合同、重信用企业"等荣誉称号，还被列为省住建厅重点培育和扶持的163家建筑企业之一。

公司总部地处全国百强县（市）的大冶市北大门，也是黄石、大冶两市的重要交会地段，注册资金1亿元，净资产6.15亿元，年施工总产值20多亿元。公司下设7家子公司和20多个项目部，现有职工1605人，其中高级、中级、初级专业技术人员400余人，是一家集建筑施工总承包、房地产开发、投资融资、资产管理、贸易于一体的综合性建筑集团公司。

大冶铜建秉承"恪守诚信，担当责任，注重特色，塑造品牌"的经营理念，通过推进"标准化、精细化、信息化和专业化"建设，优化项目管理，努力为业主和客户提供一流的产品和服务，承建工程竣工验收合格率达到100%，工程优良率超过70%，较大以上安全事故为零，始终把农民工利益放在首位，多年来从未出现拖欠农民工工资的情况。凭借科学的管理和过硬的工程质量，铜建公司所承建的工程项目不但赢得了业主和社会的一致好评，还获得了主管部门的多次表彰。2010年以来公司承建的工程共获得国家、湖北省、武汉市及黄石市安全、质量和文明施工各类奖项199项，其中包括国家AAA级安全文明标准化工地、国家施工安全生产标准化建设工地、湖北省建筑优质工程"楚天杯"、湖北省建筑工程安全文明施工现场"楚天杯"、武汉市建筑结构优质工程奖、武汉市建筑施工安全生产标准化示范工地"黄鹤杯"、黄石市建筑优质工程"铜都杯"、黄石市建筑工程安全文明施工现场"铜都杯"等奖项。公司信誉度、知名度不断提升，社会影响力日益增强，为公司的持续快速发展奠定了坚实的基础。

从2013年开始，公司先后投资400多万元用于推进信息化建设，取得了较好的成效：在协同一体化办公方面，已实现OA行政办公、业务专用信息化系统应用、视频会议系统应用等。2021年计划建立集团化的供应商平台，以人、材、机为立足点，融合实现公司行政办公与业务流程一体化管理。在智慧工地建设方面，已实现视频监控系统、劳务实名考勤系统、环境监测系统、安全体验区、VR体验馆、机械设备管理等。2020年前已充分应用互联网技术，实现智慧工地的全面应用。

大冶铜建集团凭借50多年的建筑施工经验，成为黄石地区基本建设的主力军，曾多次承建当地政府办公楼、医院、学校、还建楼等公共建筑以及住宅、别墅等重点工程。公司在武汉地区及鄂东南、鄂西北建筑市场驰骋十多年，已成功进军四川、海南等省份，并与碧桂园集团、卓越集团、万达集团、万华地产、金科地产、新城控股等全国知名房企开展战略合作，形成了水乳交融、共生共荣的格局。目前，大冶铜建正向着"立足湖北，放眼九州，做一流的建筑企业"的目标迈进。

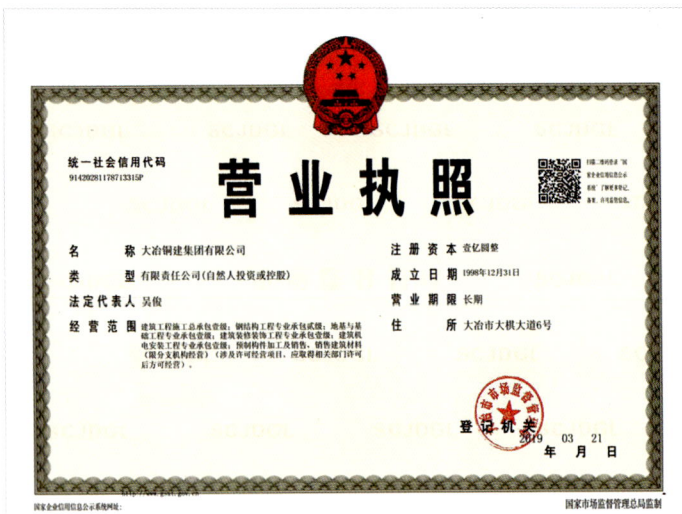

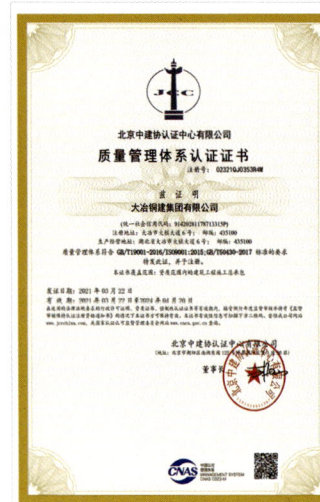

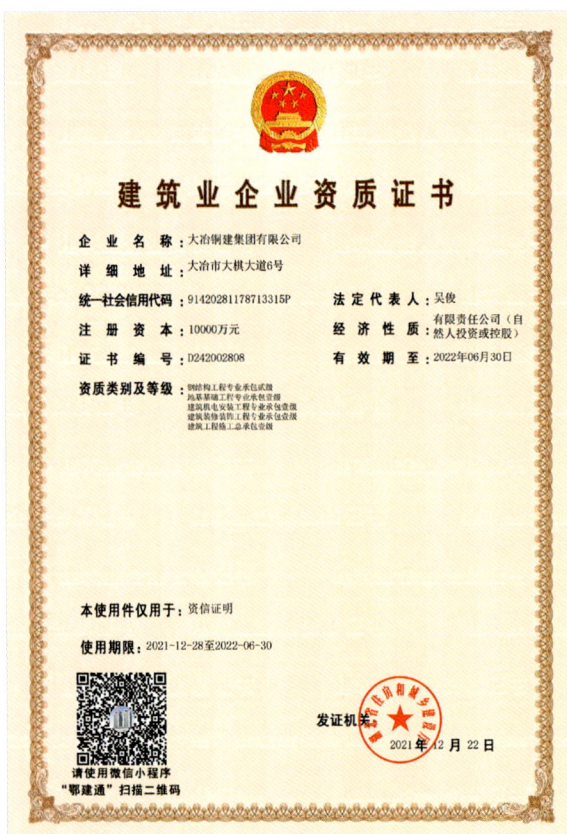

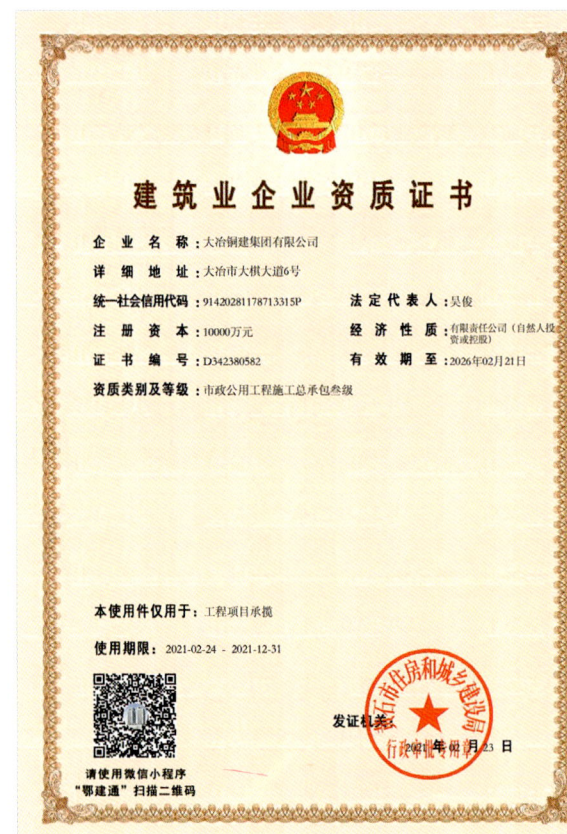

大冶碧桂园城市花园·翘楚棠项目

海南东方万悦城·万达广场项目

大冶碧桂园项目

成都万华麓湖生态城 C30 组团项目

海南万宁麓海 D34 项目

黄石碧桂园·湖悦星辰项目

武汉蔡甸奓山碧桂园项目

黄石宏维星湖湾项目

武汉卓越城项目

武汉汉南华生新城国土郡项目

宜昌金科集美阳光项目

宜昌金科云玺台项目

大冶建工集团有限责任公司
Daye Construction Engineering Group CO., LTD.

公司简介
Company Profile

　　大冶建工集团有限责任公司成立于1976年，前身为湖北省大冶县建筑工程公司。公司现具有建筑工程施工总承包一级、市政公用工程施工总承包二级，钢结构工程、地基基础工程、建筑装修装饰工程、起重设备安装工程专业承包二级，古建筑工程、环保工程、城市及道路照明工程专业承包三级及建筑劳务等资质；公司获得"湖北省建筑业综合实力20强""湖北省先进建筑业企业""湖北省建设工程质量安全管理优秀企业""湖北省重合同守信用企业""湖北省AAA企业信用等级""武汉市地区建筑业企业AAA信用等级""黄石市10强建筑业企"。

　　多年的奋斗历程，公司已发展成为集房屋建筑、市政工程、房产开发等为一体的中大型集团公司，在全国十多个省市区有在建工程项目，区域市场分布湖北、广东、海南、新疆、云南、江西、陕西等地。目前，公司拥有一级建造师22人，二级建造师26人；有职称技术人员129人，其中高级工程师16人，中级工程师113人；八大员持证上岗328人。

　　公司坚持以客户为中心，以干好现场、赢得市场为企业精神，以管理为基础，以变革创新为动力，创建了一大批省市级优良样板工程；荣获湖北省"楚天杯"52项、武汉市"黄鹤杯"12项、黄石市"铜都杯"78项、黄冈市"大别山杯"1项，其他优质工程150余项及海南、云南、新疆等省级优质工程。

　　公司恪守"诚实做人，扎实做事"的经营理念，坚持与时俱进，不断深化企业变革，不断完善工程项目管理模式，不断为业主建造精品工程。

营业执照（副本）1—6

统一社会信用代码 91420281178721 6732

名 称 大冶建工集团有限责任公司
类 型 有限责任公司（自然人投资或控股）
法定代表人 周全
经营范围 建筑工程施工总承包壹级；市政公用工程施工总承包贰级、钢结构工程专业承包贰级、地基基础工程专业承包贰级、起重设备安装工程专业承包贰级、建筑装修装饰工程专业承包叁级、古建筑工程专业承包叁级。（涉及许可经营项目，应取得相关部门许可后方可经营）

注册资本 壹亿贰仟捌佰贰拾陆万圆整
成立日期 2003年10月22日
营业期限 长期
住 所 大冶市新冶大道33号
登记机关

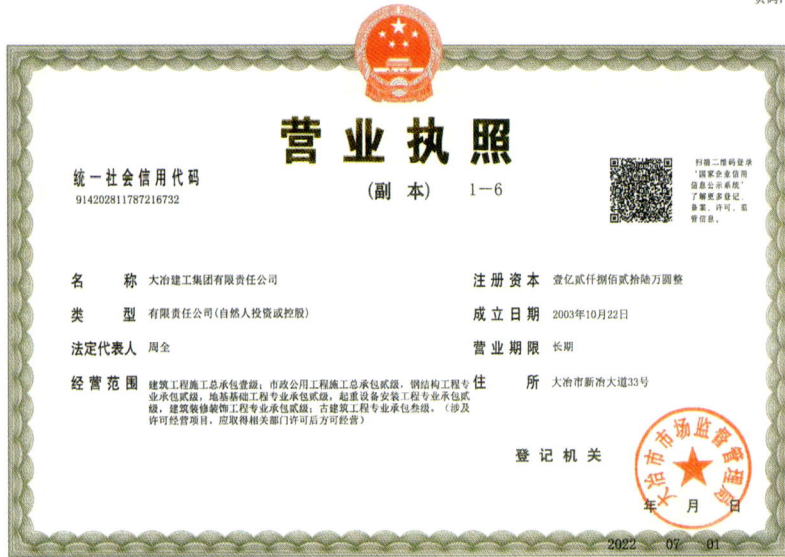

国家企业信用信息公示网址：
http://192.0.97.222:9080/TopIcis/CertTabPrint.do

国家市场监督管理总局监制
2022/7/1

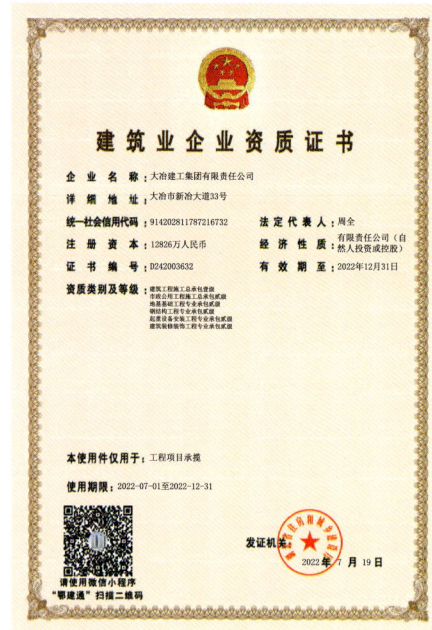

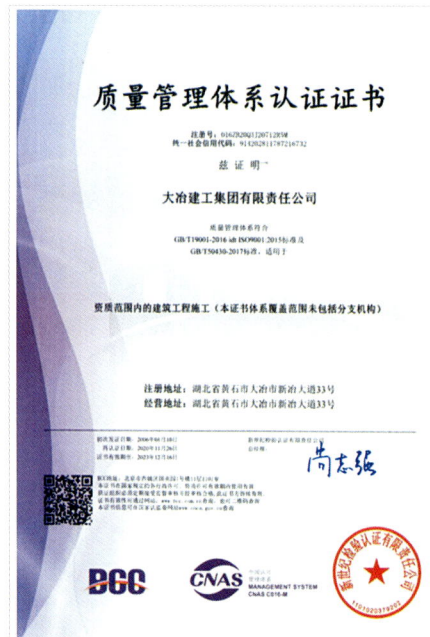

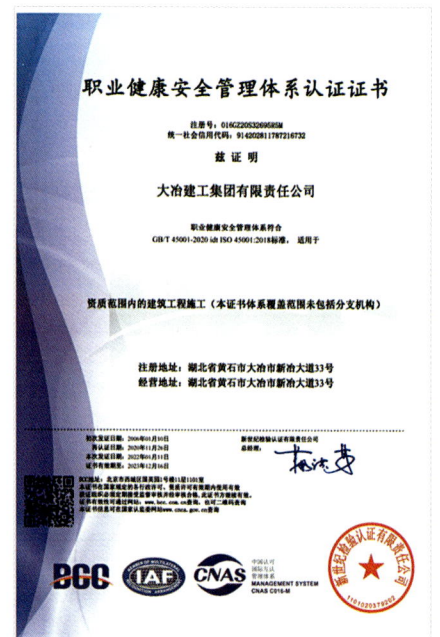

建筑业企业资质证书

企 业 名 称：大冶建工集团有限责任公司
详 细 地 址：大冶市新冶大道33号
统一社会信用代码：91420281178721 6732
法定代表人：周全
注 册 资 本：12826万人民币
经济性质：有限责任公司（自然人投资或控股）
证 书 编 号：D242003632
有 效 期 至：2022年12月31日
资质类别及等级：建筑工程施工总承包壹级

本使用件仅用于：工程项目承揽
使用期限：2022-07-01至2022-12-31
发证机关
2022年7月19日

建筑业企业资质证书

企 业 名 称：大冶建工集团有限责任公司
详 细 地 址：大冶市新冶大道33号
统一社会信用代码：91420281178721 6732
法定代表人：周全
注 册 资 本：12826万元
经济性质：有限责任公司（自然人投资或控股）
证 书 编 号：D042003059
有 效 期 至：2022年06月30日
资质类别及等级：

本使用件仅用于：工程项目承揽
使用期限：2022-01-04至2022-06-30
发证机关
2022年3月5日

安全生产许可证

证 书 编 号：（鄂）JJ安许证字[2005]000013
单 位 名 称：大冶建工集团有限责任公司
主要负责人：郑正健
单 位 地 址：大冶市新冶大道33号
经 济 类 型：有限责任公司（自然人投资或控股）
许 可 范 围：建筑施工
有 效 期 至：2023年05月09日

本使用件仅用于：行业准入
使用期限：2022-01-01至2023-05-09
发证机关
2020年5月14日

环境管理体系认证证书

兹证明
大冶建工集团有限责任公司
环境管理体系符合
GB/T24001-2016 idt ISO14001:2015标准，适用于
资质范围内的建筑工程施工（本证书体系覆盖范围未包括分支机构）

注册地址：湖北省黄石市大冶市新冶大道33号
经营地址：湖北省黄石市大冶市新冶大道33号

质量管理体系认证证书

兹证明
大冶建工集团有限责任公司
质量管理体系符合
GB/T19001-2016 idt ISO9001:2015标准
GB/T50430-2017标准，适用于
资质范围内的建筑工程施工（本证书体系覆盖范围未包括分支机构）

注册地址：湖北省黄石市大冶市新冶大道33号
经营地址：湖北省黄石市大冶市新冶大道33号

职业健康安全管理体系认证证书

兹证明
大冶建工集团有限责任公司
职业健康安全管理体系符合
GB/T 45001-2020 idt ISO 45001:2018标准，适用于
资质范围内的建筑工程施工（本证书体系覆盖范围未包括分支机构）

注册地址：湖北省黄石市大冶市新冶大道33号
经营地址：湖北省黄石市大冶市新冶大道33号

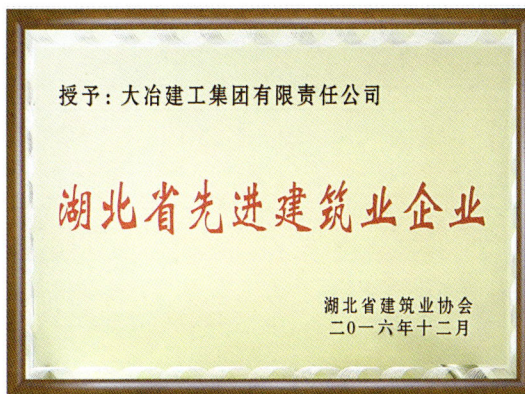

项目名称：大冶市职业病慢性病综合楼
项目规模：建筑面积为 27700 平方米
获奖情况：AAA 级安全文明标准化工地、湖北省建设工程安全文明施工现场"楚天杯"奖

项目名称：黄石市黄金山高中（黄石一中）
项目规模：建筑面积为 57000 平方米
获奖情况：湖北省建筑工程安全文明施工现场"楚天杯"奖

项目名称：黄石市棚户区改造"金广夏"南区二标段
项目规模：建筑面积为 68000 平方米
获奖情况：湖北省建设优质工程"楚天杯"奖

项目名称：海南农副产品交易配送中心及产业配套项目（海南省规模最大冷库）
项目规模：建设面积为 126340 平方米

项目名称：云南瑞丽财富广场城市综合体
项目规模：建筑面积为 80983 平方米
获奖情况：云南省建筑施工安全文明工地

项目名称：武汉港湾江城一、二、三、四期
项目规模：建筑面积为 261191 平方米
获奖情况：武汉市建筑施工安全质量标准化示范工地"黄鹤杯"奖

项目名称：大冶东风人家
项目规模：建筑面积为 300000 平方米
获奖情况：湖北省安全文明施工现场"楚天杯"奖
　　　　　湖北省建筑结构优质工程

项目名称：新城控股仙桃吾悦广场南地块
项目规模：建筑面积为 164394 平方米

湖北中正建设集团有限公司

HUBEI ZHONGZHENG CONSTRUCTION GROUP CO., LTD.

中正集团

公司简介

Company Profile

北连武汉、南接九江、襟江拥湖的大冶市，物产丰富，人杰地灵，素有江南聚宝盆之誉。湖北中正建设集团有限公司于2005年诞生在这片美丽富饶的土地上。

沐浴着改革开放的春风，湖北中正建设集团锐意创新，奋力开拓，一跃成为拥有总资产2.65亿元，拥有各类工程专业技术管理人员600多人以及配备齐全的施工设备，具有国家房屋建筑施工总承包一级资质，市政公用工程施工总承包二级资质、钢结构工程专业承包二级资质、建筑装修装饰工程专业承包二级资质、地基与基础工程专业承包三级资质，集房地产开发、园林绿化施工为一体的多元化产业结构的集团公司。近年来，中正集团成功通过ISO 9001国际质量管理体系、ISO 14000国际环境管理体系以及OHSAS 18001国际职业健康安全管理体系的认证，连续多次荣获省、市"红旗施工企业""先进施工企业""重合同守信用单位""安全生产先进单位"等称号，为湖北省黄石市十强建筑企业。

质量立业，每建必优。近年来，公司秉承"建设质量尽善尽美，企业品格至中至正"的企业理念，在社会各界的支持下，诚信守法——建筑和谐空间，文明施工——争当环保先锋，以人为本——追求持续发展，纵横驰骋鄂东南建设市场，先后承建了鄂东南地区最大的园林古建工程劲牌公司办公楼，大冶市公安局综合楼，大冶市城北中学教学楼，广厦花园、广厦名城、外滩首府、阳光新都、绿色新城、广厦·碧湖湾等住宅小区，黄石市柯尔山新区及劲牌三期等还建楼工程，工程合格率达到100%，优良率超过60%。劲牌公司办公楼工程被评为"湖北省优良样板工程"，公司办公楼和广厦名城、外滩首府、阳光新都、绿色新城、广厦·碧湖湾小区等多项工程荣获"楚天杯"奖、"铜都杯"奖，广厦名城等施工工地荣获全国AAA级安全文明标准化诚信工地。

致力于建设与开拓和谐空间，中正建设集团房地产开发业务一路高歌，已开发完成近百万平方米的花园式住宅小区，受到行业管理机关和业主的一致好评。

竹竿再进，更上层楼。湖北中正建设集团愿与广大关心支持本公司发展的各界朋友真诚携手合作，以筑绿色健康家园、建用户满意工程、实施名牌精品战略、创行业一流水准为己任，全面贯彻落实集团公司"质量创业、安全守业、环境树业"的管理方针，以科学发展观为指导，以鲁班之工艺和精准细致的服务为依托，创新争先，精细管理，持续改进，为更多的城镇创造和谐与精彩，为更多的家庭送去阳光、和美与幸福。

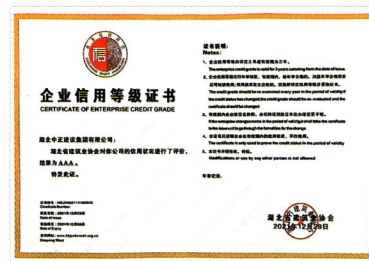

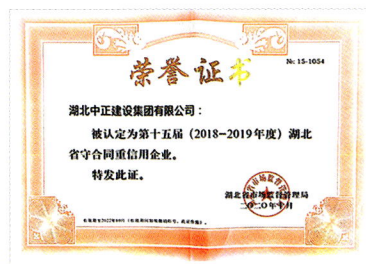

工程展示
Engineering Demonstration

项目名称：劲牌三期还建点
项目规模：总建筑面积 57748 平方米
项目区位：大冶市经济开发区七里界村
项目描述：大冶市经济开发区劲牌（三期）还建点BT项目，项目位于大冶市经济开发区七里界村，项目由 5 栋 17+ 架空层、1 栋 6 层全框架住宅楼组成，其中 2# 楼、4# 楼工程质量获黄石市"优质结构奖"。

项目名称：罗金路廉租房
项目规模：总建筑面积 11988 平方米
项目区位：大冶市罗金路
项目描述：罗金路廉租房项目位于大冶市罗金路，项目由 2 栋 11 层框架结构住宅楼组成，工程质量验收合格。

项目名称：广厦名城
项目规模：总建筑面积 88761 平方米
项目区位：大冶市乾塔路北侧
项目描述：广厦名城 1～6# 楼工程由 4 栋多层框架结构住宅楼、2 栋高层框剪结构住宅楼组成，工程质量合格，其中 5# 楼、6# 楼获得"楚天杯"奖。

项目名称：同惠.太子家园
项目规模：总建筑面积 12547.04 平方米
项目区位：黄石西塞山太子湾
项目描述：同惠太子家园工程位于黄石西塞山太子湾，项目由 2 栋 6 层和 2 栋 10 层框架结构住宅楼组成，工程质量验收合格。

项目名称：外滩首府
项目规模：总建筑面积 146478 平方米
项目区位：金湖大道西侧、滨湖学校北侧
项目描述：外滩首府一标段工程位于金湖大道西侧、滨湖学校北侧，项目由 3 栋 32 层、3 栋 33 层和 1 栋 34 层框剪结构住宅楼组成，工程质量获"铜都杯"奖。

项目名称：阳光新干线
项目规模：总建筑面积 30000 平方米
项目区位：团城山磁湖路以东、苏州路以北
项目描述：阳光新干线一、二、三期工程位于团城山磁湖路西路以东，苏州路以北，项目为 2 栋 11 层住宅楼和 4 栋 7 层框架结构住宅楼组成，工程质量验收合格。

项目名称：劲牌公司古建门楼
项目规模：总建筑面积 1000 平方米
项目区位：大冶大道 169 号
项目描述：劲牌公司古建门楼位于大冶大道 169 号，项目由一层框架结构组成，工程质量获鄂东南地区"优质结构奖"。

项目名称：蓝天物流园
项目规模：总建筑面积 7434 平方米
项目区位：大冶市矿冶大道
项目描述：蓝天物流园工程位于大冶市矿冶大道，项目由 1 栋 6 层框架结构住宅楼组成，工程质量验收合格。

项目名称：华中学校教学楼
项目规模：总建筑面积 5151 平方米
项目区位：大冶市乾塔路 28 号
项目描述：华中学校教学楼工程位于大冶市乾塔路 28 号，项目由 1 栋 5 层框架结构教学楼组成，工程质量获"铜都杯"奖。

项目名称：圆梦国际
项目规模：总建筑面积 126951 平方米
项目区位：大冶市金湖大道
项目描述：圆梦国际工程位于大冶市金湖大道，项目由 6 栋 33 层框架剪结构住宅楼及幼儿园配套设施组成，工程质量获得"铜都杯"奖。

项目名称：阳光新都
项目规模：总建筑面积 146114 平方米
项目区位：大冶大道西侧
项目描述：阳光新都工程位于大冶大道西侧，项目由 1 栋 33 层和 4 栋 31 层框架剪结构住宅楼组成，其中 1# 楼、5# 楼工程质量获"铜都杯"奖。

项目名称：中正集团办公楼
项目规模：总建筑面积 10000 平方米
项目区位：大冶大道 208 号
项目描述：本工程位于大冶大道 208 号，项目由 9 层办公楼组成，工程获得"楚天杯"奖。

项目名称：广厦花园小区
项目规模：总建筑面积 100000 平方米
项目区位：大冶市大冶大道
项目描述：广厦花园小区位于大冶市大冶大道，属于 100000 平方米以上的大型住宅小区，项目由 36 栋 7 层框架结构住宅楼组成，工程质量验收合格。

项目名称：阳光花园
项目规模：总建筑面积 12000 平方米
项目区位：大冶市大冶大道
项目描述：阳光花园 25# 楼、26# 楼、3# 楼及会所工程位于大冶市大冶大道，由 3 栋 12 层的框架结构住宅楼组成，工程质量验收合格。

项目名称：绿色新城
工程规模：总建筑面积 148752.37 平方米
项目区位：大冶市罗家桥大道 116 号
项目描述：绿色新城工程位于大冶市罗家桥大道 116 号，项目由 7 栋（26—32#）层框架剪结构住宅及幼儿园（幼儿园占地面积达 5500 平方米）配套设施组成，其中 5# 楼获"楚天杯"奖。

项目名称：新疆大学新校区三标段
工程规模：总建筑面积 75191.87 平方米
项目区位：乌鲁木齐水磨沟区苏州路东延以南、观岭街以北
项目描述：新疆大学新校区项目系自治区、乌鲁木齐市两级重点工程，新疆大学新校区三标段项目包含 4 栋学生宿舍、一栋学生食堂。

项目名称：广厦·碧湖湾
工程规模：总建筑面积 82932.79 平方米
项目区位：大冶市城西路以东、老武九铁路以西
项目描述：碧湖湾工程位于城西路以东、老武九铁路以西，项目由 4 栋（19—33#）层框架剪结构组成。

公司简介
Company Profile

团结进取　质量兴业

秉德从道　善建天下

　　大冶市摩天建筑工程有限公司成立于1996年3月，一路走来，通过全体员工的共同努力和拼搏，走质量兴业之路，大力实施精品品牌战略，公司由小到大、由弱变强，成为现今拥有注册资产6006万元房屋建筑工程施工总承包一级企业，从规模较小的民营企业成长为一个实力雄厚、技术先进，功能配套、管理规范的施工企业。

　　公司成立以来一直坚持走优质高效的兴业之路，确保施工现场安全。共承接大中小型工程项目180余项，累计完成建筑面积240万多平方米，完成施工产值32.8亿元，上缴国家各种税费2.18亿元，公司产值实现大跨度飞跃。在这180余个工程项目中，共创省、市优良样板工程110个。其中，省优（楚天杯）工程20个，市优工程90个，工程优良率60%，工程合格率100%。

　　公司规模不断扩大，管理更加规范。公司员工由最初的几十人发展到现在的650人，各种专业技术人员占全公司人员的39%。同时，公司还拥有各种大型、中型机械设备和施工机具500台套，钢管、扣件3000余吨，年固定资产投资额在200万元以上，企业有完善的施工建筑设备、较强的施工能力和管理水平，具备了承接各种大、中型工程项目的施工能力。

　　在工程质量上取得了可喜的成绩，同时，还赢得了良好的社会信誉。几年来，公司先后多次荣获了"大冶市十强企业""黄石市先进施工企业""湖北省优秀企业""湖北省安全先进施工企业""湖北省重合同守信用企业""湖北省三A信用等级企业"，并被湖北银企评信咨询有限公司评为"AA+"级信用企业等荣誉称号，公司积极组织职工参与黄石市多部门组织的技能大赛，并获取2018年举办的第二届"黄石工匠"暨第十四届职工职业技能大赛砌筑组"黄石工匠"第一名及第二名。在2021年举办的第四届"黄石工匠"职业技能大赛中又获得砌筑组第一名"黄石工匠"荣誉。

　　以质量求生存，以安全求稳定，以信誉求发展，以管理求效益，摩天公司凭诚信赢得一方天下，以质量搏来八方赞誉，打造"摩天建筑、百年建筑"品牌。

建筑业企业资质证书
（副本）

企业名称：大冶市摩天建筑工程有限公司
详细地址：湖北省大冶市城北开发区观山路130号
统一社会信用代码
（或营业执照注册号）：914202817068224284
注册资本：6006万元人民币
证书编号：D142011697
法定代表人：曹锐
经济性质：有限责任公司（自然人投资或控股）
有效期：2021年01月05日
资质类别及等级：
建筑工程施工总承包壹级。
******

本使用件仅用于：资信证明

发证机关：
2016年5月11日
中华人民共和国住房和城乡建设部制

全国建筑市场监管与诚信信息发布平台查询网址：http://www.mohurd.gov.cn/docmaap
NO.DF 00019263

建筑业企业资质证书
建筑工程施工总承包一级

安全生产许可证

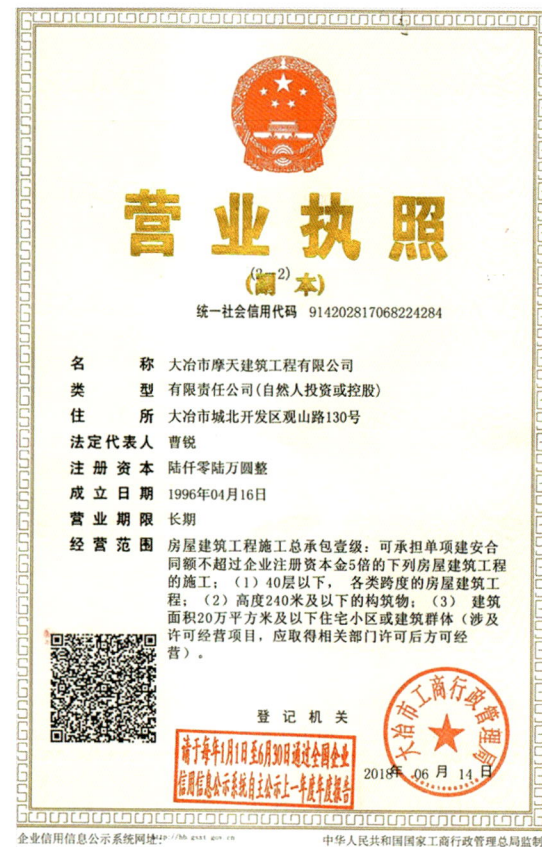

证书编号：（鄂）JZ安许证字[2005]000137
单位名称：大冶市摩天建筑工程有限公司
主要负责人：曹锐
单位地址：大冶市城北开发区观山路130号
经济类型：有限责任公司（自然人投资或控股）
许可范围：建筑施工
有效期至：2024年01月20日

本使用件仅用于：资信证明

使用期限：2021-01-29 - 2022-12-29

发证机关：
2021年01月20日

请使用微信小程序
"鄂建通"扫描二维码

安全生产许可证

营业执照
（副2本）

统一社会信用代码 914202817068224284

名　　称：大冶市摩天建筑工程有限公司
类　　型：有限责任公司（自然人投资或控股）
住　　所：大冶市城北开发区观山路130号
法定代表人：曹锐
注册资本：陆仟零陆万圆整
成立日期：1996年04月16日
营业期限：长期
经营范围：房屋建筑工程施工总承包壹级：可承担单项建安合同额不超过企业注册资本金5倍的下列房屋建筑工程的施工：（1）40层及以下，各类跨度的房屋建筑工程；（2）高度240米及以下的构筑物；（3）建筑面积20万平方米及以下住宅小区或建筑群体（涉及许可经营项目，应取得相关部门许可后方可经营）。

登记机关：
2018年06月14日

企业信用信息公示系统网址：

中华人民共和国国家工商行政管理总局监制

营业执照
房屋建设工程施工总承包一级

杭州公馆三标段

东楚文苑

劲牌公司三期宿舍楼

黄石大可幸·福山庄

劲牌公司三期食堂

劲牌公司黄金山基地厂房

劲牌公司阳新枫林基地

黄石大冶湖国家高新区劲牌产业园

大冶广播电视局办公楼

武警黄石消防指挥中心

黄石琥珀山庄

大冶两湖天下 3# 楼

大冶市大箕铺建筑工程有限公司

DA YE SHI DA JIPU CONSTRUCTION ENGINEERING COMPANY LIMITED

公司简介
Company Profile

大冶市大箕铺建筑工程有限公司成立于1980年，国家一级总承包建筑施工企业，在黄石地区建筑行业率先通过并实施ISO 9001质量体系认证。

公司注册资金5000万元，在册职工180人，各类专业技术人员85人（其中高级、中级技术人员70人），注册建造师（项目经理）5人，不仅具有一支技术强、素质高、工种齐全的施工队伍，而且拥有现代技术设备48套，是黄石地区建筑行业的骨干企业。

房屋建筑工程施工总承包一级，可承担单项建安合同额不超过企业注册资金5倍的下列房屋建筑工程的施工：（1）40层及以下，各类跨度的房屋建筑工程。（2）建筑面积20万平方米及以下的住宅小区或建筑群体。（3）高度240米及以下的构筑物。预制构件加工（包括基础工程，土石方工程，结构工程，屋面工程，内外部装修装饰工程，上下水、供暖、电气、消防等安装工程）。

公司树立"以人为本，质量兴业"的宗旨，求真务实，改革创新，抓科学管理，铸精品工程，促进了企业持续、快速、健康发展。近年来，公司在黄石、大冶、武汉、十堰、阳新等地承建了大型、中型施工项目68项，施工总面积455万平方米，完成产值35.6亿元。创省优良样板工程"楚天杯"奖6项，黄石优良样板工程"铜都杯"奖12项，黄石市优良工程12项，工程一次性验收合格率100%，优良品率69%。

1995年至今，公司连续被黄石市、大冶市政府授予"明星企业""民营十强企业""双文明单位""重合同守信用企业"，市工商局授予"免检企业"，省建设厅授予"全省先进建筑企业"和"全省建筑企业五十强企业"，省工商局授予"湖北省重合同守信用企业"，省政府授予"湖北省市场杰出企业""湖北省质量、诚信、服务满意率三优企业"，并荣获全国质量管理"金屋奖"和湖北省"银屋奖"。

曹向阳董事长多次被评为湖北省建筑业企业优秀企业经理，公司连续多年被评为湖北省先进建筑业企业，被评为全省纳税信用A级纳税人，被评为建筑工程安全生产管理工作、全市建筑安全生产先进单位。

建立和实施质量管理体系，遵循质量管理八项原则：科学管理，精心施工，确保产品顾客满意，开拓进取，持续改进，不断创新，追求卓越。工程一次性验收合格率100%，优良率70%，工程回访保修率100%，保修满意率99%以上。

公司在董事长的直接领导下，建立完善质量和安全管理体系，积极为项目提供优良、高效的服务，确保每项工程能保质保量地圆满完成任务。

公司崇尚"以人为本，质量兴业"的理念，做一项工程，树一座丰碑，铸一块品牌，交一方朋友。全体员工在董事长曹向阳同志的率领下，愿与社会各界同仁携手合作，共同发展，以崭新的理念，科学的管理和优质的服务，努力创建更加辉煌的明天，为建设21世纪人类广厦，构建社会主义和谐社会再做贡献。

安全生产许可证（副本）

编号：鄂JZ安许证字〔2005〕000184-2/2

单位名称：大冶市大箕铺建筑工程有限公司
主要负责人：曹向阳
单位地址：大冶市大箕铺大道68号
经济类型：有限责任公司（自然人独资）
许可范围：建筑施工
有效期：2014年7月31日至2017年7月31日

发证机关：
2014年7月31日

延期核准栏

经审查，准予该企业安全生产许可证有效期延期三年。
自：2017年04月11日
至：2020年04月11日
延期核准机关（章）
2017年04月1日

经审查，准予该企业安全生产许可证有效期延期三年。
自：2020年05月09日
至：2023年05月09日
延期核准机关（章）
2020年月日

建筑业企业资质证书（副本）

企业名称：大冶市大箕铺建筑工程有限公司
详细地址：大冶市大箕铺大道68号
统一社会信用代码：91420281178712814R
注册资本：5000万元人民币
证书编号：D142011689
法定代表人：曹向阳
经济性质：一人有限责任公司（自然人独资）
有效期：2021年01月05日

资质类别及等级：
建筑工程施工总承包壹级。

发证机关
2016年01月05日
中华人民共和国住房和城乡建设部制

全国建筑市场监管与诚信信息公示平台查询网址：http://jzsc.mohurd.gov.cn/dsc NO.DF 00011030

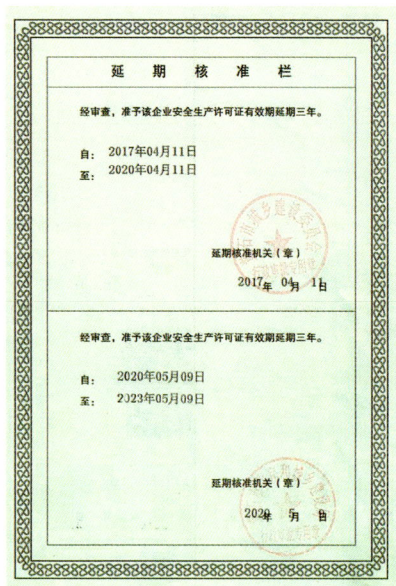

工程施工总承包一级

页码，1/1

营业执照（副本）1-1

统一社会信用代码
91420281178712814R

名称：大冶市大箕铺建筑工程有限公司
类型：有限责任公司（自然人独资）
法定代表人：曹向阳
经营范围：许可项目：建设工程施工（依法须经批准的项目，经相关部门批准后方可开展经营活动，具体经营项目以相关部门批准文件或许可证件为准）
一般项目：对外承包工程；租赁服务（不含许可类租赁服务）；住房租赁；非居住房地产租赁（除许可业务外，可自主依法经营法律法规非禁止或限制的项目）

注册资本：伍仟万圆整
成立日期：2000年11月13日
营业期限：2000年11月13日至2050年11月12日
住所：大冶市大箕铺大道68号

登记机关
2022 08 15

扫描二维码登录"国家企业信用信息公示系统"了解更多登记、备案、许可、监管信息。

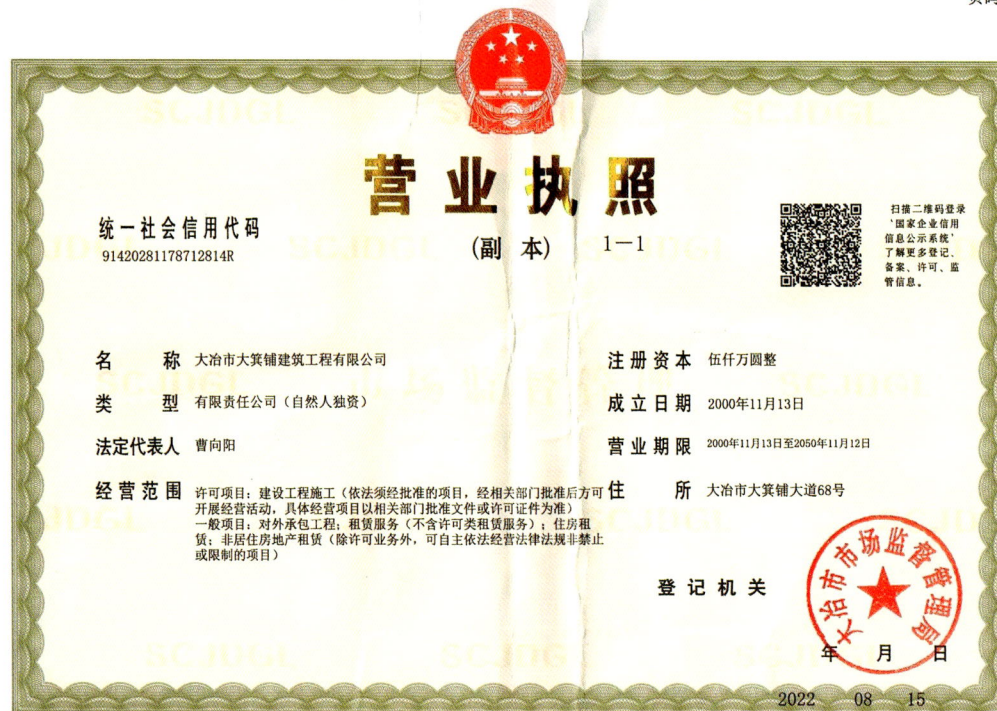

国家企业信用信息公示系统网址：
http://192.0.97.222:9080/TopIcis/CertTabPrint.do

国家市场监督管理总局监制
2022/8/15

和德天下 8# 楼项目
黄石市建筑优质工程"铜都杯"奖

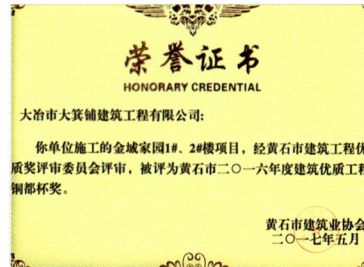

金域家园 1# 楼、2# 楼项目
黄石市建筑优质工程"铜都杯"奖

咸宁同惠广场 1# 楼项目
"湖北省建筑结构优质工程"奖（奖牌）

咸宁同惠广场 1# 楼项目
"湖北省安全文明施工现场"奖（奖牌）

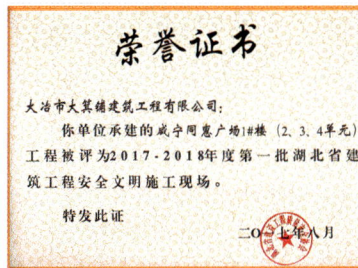

咸宁同惠广场 1# 楼项目
"湖北省建筑工程安全文明施工现场"奖

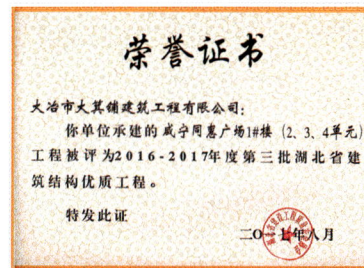

咸宁同惠广场 1# 楼项目
"湖北省建筑结构优质工程"奖

五星佳苑 1# 楼项目
"湖北省建筑结构优质工程"奖

五星佳苑 1# 楼项目
"湖北省安全文明施工现场"奖

金叶·佳境天城 1# 楼、2# 楼项目
黄石市建设工程"铜都杯"奖

五星佳苑 1# 楼项目
黄石市建设工程"铜都杯"奖

2019 年度建筑业"先进单位"

2020 年度建筑业"先进单位"

五星佳苑 1# 楼
湖北省建设优质工程"楚天杯"奖

项目名称：圆梦国际 6# 楼工程

项目介绍：万圆·圆梦国际 6# 楼，大冶市万圆房地产开发有限公司开发建设，大冶市大箕铺建筑工程有限公司中标承建。建筑基础为冲孔灌注桩，框剪结构，被评为"黄石市结构优质工程"。

项目规模：地上 33 层，地下 1 层，总建筑面积 25291.77 平方米。

项目区位：大冶市金湖大道与七里路交会处，七里路北侧，金湖大道西侧。

项目名称：金域家园 1# 楼、2# 楼、3# 楼工程

项目介绍：金域家园 1# 楼、2# 楼、3# 楼是黄石强盛思恩置业有限公司开发建设，大冶市大箕铺建筑工程有限公司中标承建。
建筑采用机械冲孔灌注桩，框剪结构，被评为"黄石市建设工程'铜都杯'工程"。

项目规模：1# 楼、2# 楼地下一层，地上 32 层，3# 楼 6 层，总建筑面积 32215.2 平方米。

项目区位：大冶城西路原城南客运站。

项目名称：和德天下 3# 楼、4# 楼、7# 楼、8# 楼工程

项目介绍：和德天下工程由湖北省大冶市汇达置业有限公司开发建设，大冶市大箕铺建筑工程有限公司中标 3# 楼、4# 楼、7# 楼、8# 楼。
地上 33 层地下一层，3# 楼、4# 楼为机械旋挖灌注桩，7# 楼、8# 楼为人工挖孔桩，框架剪力墙结构，7# 楼、8# 楼被评为"黄石市建设工程'铜都杯'工程"。

项目规模：建筑面积 64217.05 平方米（含地下 5109.20 平方米）。

项目区位：原大冶玻璃瓶厂。

项目名称：五星佳苑 1# 楼、2# 楼工程

项目介绍：大冶市五星佳苑 1# 楼、2#楼建设工程项目，由大冶市英才房地产开发有限公司开发建设。

建筑采用人工挖孔灌注桩，框架剪力墙结构。

五星汽配地块 1# 楼被评为"湖北省建设工程'楚天杯'工程"。

项目规模：1# 楼地上 27 层，地下 1层商住楼，2# 楼为 7F/6F连体商住楼，总建筑面积25000 平方米。

项目区位：大冶市大冶大道以东、水塔巷以西。

项目名称：佳境天城 1# 楼、2# 楼工程

项目介绍：佳境天城 1# 楼、2# 楼建设项目，大冶市金叶置业有限公司开发，大冶市大箕铺建筑工程有限公司中标承建。

建筑采用钢筋混凝土伐板基础，框架剪力墙结构。

被评为"黄石市建设工程'铜都杯'工程"。

项目规模：地上 31 层 + 地下 2 层，建筑总面积 31516.64 平方米。

项目区位：在叶家坎村北侧观山路南侧。

项目名称：咸宁同惠国际广场 1# 楼工程

项目介绍：由湖北同惠投资咸宁有限公司开发建设。

建筑 1 单元为影城和写字楼，2~4 单元为商住楼，钻孔灌注桩基础，框架剪力墙结构，2~4 单元被评为"湖北省结构优质工程"。

项目规模：地上 1 单元 26 层、2~3 单元30 层，地下 1 层，占地面积大，群房大共四层，地下室大，总建筑面积 121008.55 平方米。

项目区位：咸宁市银泉，大道和咸宁大道交会处。

大冶市新冶建筑工程有限责任公司
DAYE XINYE CONSTRUCTION ENGINEERING CO., LTD.

大冶市新冶建筑工程有限责任公司
鑫成机械产业园

公司简介
Company Profile

大冶市新冶建筑工程有限责任公司成立于2003年，注册资本金6066万元，拥有建筑工程施工总承包一级、市政公用工程施工总承包二级、钢结构工程专业承包二级、地基基础工程专业承包二级、建筑装修装饰工程专业承包二级、机电工程施工总承包三级、环保工程专业承包三级、模板脚手架专业承包不分等级、施工劳务资质不分等级等多项资质，公司下设有黄石黄金山分公司、大冶市新冶建筑劳务有限公司、湖北鑫成机械有限公司三个独资子公司，是一家以房建、市政施工为主，劳务分包、机械设备加工、园林绿化为辅的多元化企业，公司在册专业技术人员396人，从业人员2611人，各类专业技术人员持证上岗率100%。

近年来，公司积极引进BIM新技术，在湖北华盛新年产40万立方米超强刨花板生产线项目，劲牌有限公司城西北厂区部分工程，黄石绿地城项目，正宏·金湖星郡项目，宜宾六尺巷酒业有限公司二期、三期、四期技改项目等多个项目运用BIM技术，打造智慧云工地，自成立以来，所建的工程合格率100%，优质率80%，合同履约率100%，多个项目被各级监管单位授予"楚天杯"、"铜都杯"、省市"优质结构"、"文明施工优良工地"、"样板工地"及"黄石市政示范工程金奖"等荣誉称号，先后承建的优良部分代表工程有：阳新三江国际大酒店项目、黄石工矿废弃地起步区还建楼项目、靓景名城项目；黄石星河电路有限公司厂区项目、黄石宏广电子有限公司厂区项目、劲牌有限公司城西北厂区项目、鑫成机械产业园项目；大冶城市备用水源大堤与城际铁路对接道路项目、阳新工业园纬八路道路项目、云南省思茅至澜沧高速公路大桥项目。

做精品工程是公司多年来的一贯追求，2014年公司成功完成了ISO 9001、ISO 14001、ISO 45001三标一体的结合，制定了"强化质量意识、严格管理过程、确保优质工程、赢得顾客信赖"的质量方针，"强化管理、依法监督、预防为主、改善环境"的环境方针，以及"安全第一、预防为主、遵规守法、加强监督、以人为本、科学管理"的职业健康安全方针。公司在不断发展壮大的同时，坚持守法经营、依法纳税，多次被授予为"湖北省建筑业优秀企业""湖北省重点培育企业""湖北省建筑业AAA信用企业""黄石市诚信示范企业""黄石市建筑业十强企业""大冶市建筑业先进企业"等荣誉称号。连续十二年被省、市市场监督管理局评为"守合同重信用"企业，近五年连续被地方政府授予"纳税特别贡献奖"企业。

展望未来，公司将本着"团结拼搏、优质高效、争创一流、奉献社会"的经营宗旨，弘扬"一家人、一条心、一股劲"的企业精神，坚持"质量第一、服务业主"的质量方针，海纳百川，坚定不移地实施精品战略，同时愿与社会各界新老朋友坦诚合作、互相交流、学习，在未来的经济舞台上携手并进，再创辉煌！

大冶市新冶建筑工程有限责任公司
二〇二〇年度
省重点培育企业
湖北省住房和城乡建设厅
二〇二一年一月

湖北省建筑业
优秀建筑业企业
湖北省建筑业协会
二〇二一年十一月

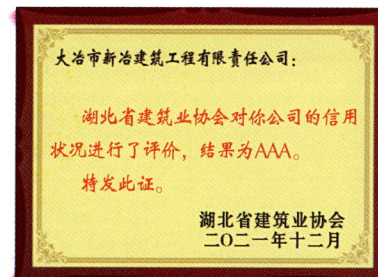

大冶市新冶建筑工程有限责任公司：
湖北省建筑业协会对你公司的信用
状况进行了评价，结果为AAA。
特发此证。
湖北省建筑业协会
二〇二一年十二月

2020年度
黄石市十强建筑业企业
黄石市人民政府
二〇二一年三月

2020年度
黄石市诚信示范企业
黄石市社会信用体系建设领导小组
二〇二一年五月

2020年度大冶市建筑企业
先进单位
大冶市住房和城乡建设局
二〇二一年三月

2020年度全市统计工作
突出单位
大冶市人民政府办公室
二〇二一年五月

大冶市新冶建筑工程有限责任公司
守合同重信用企业
湖北省市场监督管理局
二〇二一年十月

授予：大冶市新冶建筑工程有限责任公司
最佳合作伙伴
天玑智谷（湖北）信息技术有限公司
二〇一九年十月

授予：大冶市新冶建筑工程有限责任公司
弘扬鲁班精神
勇攀质量顶峰
湖北华盛新人造板有限公司
二〇二〇年十二月

授予：大冶市新冶建筑工程有限责任公司
团结奋进质量第一
同心同德美誉四方
大冶碧桂园项目部
二〇二一年一月

授予：大冶市新冶建筑工程有限责任公司
诚信履约承包方
中国电子系统工程第四建设有限公司
二〇二一年三月

授予：大冶市新冶建筑工程有限责任公司
百舸争流千帆竞
勇立潮头敢争先
黄石绿地置业有限公司
二〇二一年四月

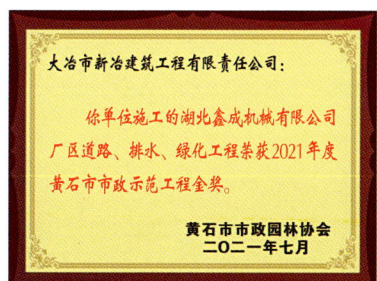

大冶市新冶建筑工程有限责任公司：
你单位施工的湖北鑫成机械有限公司
厂区道路、排水、绿化工程荣获2021年度
黄石市市政示范工程金奖。
黄石市市政园林协会
二〇二一年七月

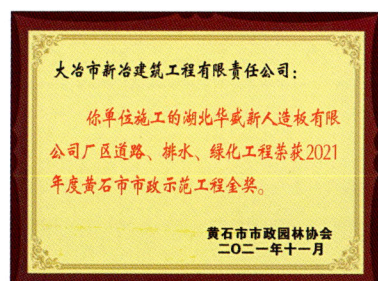

大冶市新冶建筑工程有限责任公司：
你单位施工的湖北华盛新人造板有限
公司厂区道路、排水、绿化工程荣获2021
年度黄石市市政示范工程金奖。
黄石市市政园林协会
二〇二一年十一月

正宏·金湖星郡项目

靓景名城项目

阳新三江国际大酒店项目

黄石绿地城项目部分工程

劲牌有限公司城西北厂区部分工程

湖北华盛新年产 40 万立方米超强刨花板生产线项目

鑫成机械产业园项目

宜宾六尺巷酒业有限公司二期、三期、四期技改项目

黄石宏广电子有限公司厂区项目

广合电路多高层精密线路板项目
（车间单体长 630 米、宽 96 米、高 26 米）

阳新县工业园纬八路道路工程

云南思茅至澜沧高速公路大桥工程项目
（长 2600 米、高 136 米）

金盛·龙吟湾营销中心

龙吟湾
COUNTRY GARDEN

公司简介
Company Profile

湖北粤泰建安工程有限公司成立于1996年，注册资金16000万元，职工531人，专业技术人员56人，其中高级职称人员16人，中级职称人员54人，拥有一级、二级注册建造师31人；年完成建筑业产值10亿元。现已发展为以建筑施工为龙头，集市政公用工程、古建筑、建筑幕墙、建筑装修装饰、钢结构、地基基础、防水防腐保温、环保工程及商贸、检测等为一体的综合性集团公司。公司连年被评为"质量管理先进单位""重合同守信用企业""先进建筑施工企业""安全生产先进建筑企业""湖北省建筑企业综合实力百强"等。公司施工的多项工程被评为"市级优质工程"，并获得"铜都杯""黄鹤杯""楚天杯"等荣誉称号。2019年7月6日公司被湖北省住房和城乡建设厅评为"2019年度建筑业重点培育企业"。

近年来，公司先后与乌鲁木齐市城投、霍城县新苏锡城投、中丝路建投、岭南生态文旅、岭南园林、中建三局、中铁十一局、中色十二冶、中国十五冶、中国葛洲坝集团、三盛集团、宿松住建局、湖北鑫松置业、仕上电子科技、湖北长安建设集团、武汉盛视、佳舜盛世置业、众鑫房地产、景瑞房地产等世界五百强开发企业、国企龙头企业、地方标志性建设单位合作，先后承建新疆大学新校区项目，新疆霍城县职业技能教育培训中心实训厂房，新疆昌吉监狱备勤楼指挥中心，吉木萨尔县"四馆一院"，中铁十一局庭州湾生态水系工程，岭南绿美南疆林业产业园，山东聊城园林绿化景观工程，山东曾子书院、至善阁古建工程，温州泰顺县环文祥湖区块生态景观配套项目，安阳市国际金融中心，广州何棠下旧改项目，深圳仕上电子大冶厂区项目，安徽宿松县医养中心、大冶市金融服务中心、嘉禾国际、天新花园、星秀江南、金銮·龙吟湾、佳舜·盛世公馆，咸宁中央城，中建三局管廊土方工程，黄石市民之家，黄石客运站，中建路大冶湖生态核心区土方工程等多元化项目。

公司本着团结拼搏、求真务实、诚信规范、高效创新的经营理念，以质量求生存、以信誉求发展、以管理求效益的发展思路面向未来，为实现争创一流企业、一流质量、一流员工的既定目标而努力，热忱希望与社会各界朋友广泛合作，共同发展！

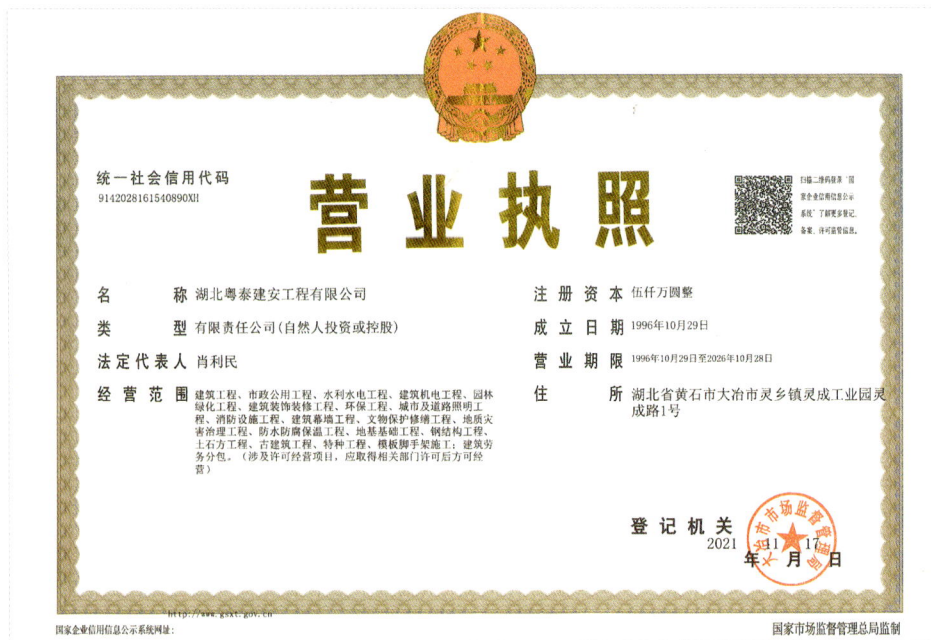

统一社会信用代码
91420281615540890XH

营 业 执 照

名　称　湖北粤泰建安工程有限公司
类　型　有限责任公司(自然人投资或控股)
法定代表人　肖利民
经营范围　建筑工程、市政公用工程、水利水电工程、建筑机电工程、园林绿化工程、建筑装饰装修工程、环保工程、城市及道路照明工程、消防设施工程、建筑幕墙工程、文物保护修缮工程、地质灾害治理工程、防水防腐保温工程、地基基础工程、钢结构工程、上石方工程、古建筑工程、特种工程、模板脚手架施工；建筑劳务分包。(涉及许可经营项目,应取得相关部门许可后方可经营)

注册资本　伍仟万圆整
成立日期　1996年10月29日
营业期限　1996年10月29日至2026年10月28日
住　所　湖北省黄石市大冶市灵乡镇灵成工业园灵成路1号

登记机关　2021年月日

国家企业信用信息公示系统网址：http://www.gsxt.gov.cn

国家市场监督管理总局监制

建筑工程施工总承包一级

建筑装修装饰工程专业承包一级

防水防腐保温工程专业承包一级

古建筑工程专业承包二级

地基基础工程专业承包一级

建筑幕墙工程专业承包一级

钢结构工程专业承包二级

市政公用工程施工总承包三级

模板脚手架专业承包不分等级

环保工程专业承包三级

施工劳务资质不分等级

安 全 生 产 许 可 证

证书编号：(鄂)JZ安许证字[2012]007637
单位名称：湖北粤泰建安工程有限公司
主要负责人：肖利民
单位地址：湖北省黄石市大冶市灵乡镇灵成工业园灵成路1号
经济类型：有限责任公司(自然人投资或控股)
许可范围：建筑施工
有效期至：2024年06月18日

请使用微信小程序"鄂建通"扫描二维码
发证机关　2021年月21日
湖北省住房和城乡建设厅制

建筑业企业资质证书

企业名称：湖北粤泰建安工程有限公司
详细地址：湖北省黄石市大冶市灵乡镇灵成工业园灵成路1号
统一社会信用代码：91420281615540890XH
注册资本：16000万元
证书编号：D342002919
资质类别及等级：模板脚手架专业承包不分等级 市政公用工程施工总承包 环保工程专业承包 施工劳务资质不分等级

法定代表人：肖利民
经济性质：有限责任公司
有效期至：2022年12月31日

请使用微信小程序"鄂建通"扫描二维码
发证机关　月2日
湖北省住房和城乡建设厅制

建筑业企业资质证书

企业名称：湖北粤泰建安工程有限公司
详细地址：湖北省黄石市大冶市灵乡镇灵成工业园灵成路1号
统一社会信用代码：91420281615540890XH
注册资本：5000万人民币
证书编号：D242002710
资质类别及等级：钢结构工程专业承包 地基基础工程专业承包 防水防腐保温工程专业承包 建筑装修装饰工程专业承包 建筑幕墙工程专业承包 古建筑工程专业承包

法定代表人：肖利民
经济性质：有限责任公司
有效期至：2022年12月31日

请使用微信小程序"鄂建通"扫描二维码
发证机关　2022年月27日
湖北省住房和城乡建设厅制

2021 年 11 月，湖北粤泰建安工程有限公司承建的金銮·龙吟湾 1# 楼、2# 楼荣获"2021-2022 年度第一批湖北省建筑工程安全文明施工现场"。

2021 年 11 月，湖北粤泰建安工程有限公司承建的金銮·龙吟湾 1# 楼、2# 楼荣获"2020-2021 年度第三批湖北省建筑结构优质工程"。

2017 年 2 月，湖北粤泰建安工程有限公司承建的大冶市金融服务中心荣获"湖北省建筑结构优质工程"。

2017 年 3 月，湖北粤泰建安工程有限公司承建的大冶市金融服务中心荣获湖北省安全文明施工现场的"楚天杯"奖。

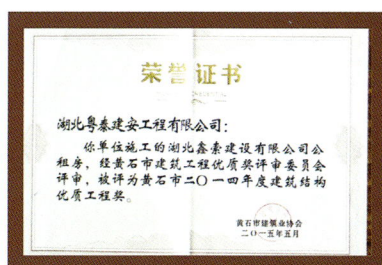

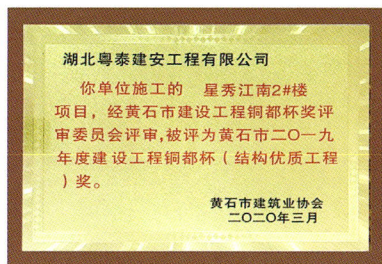

房建施工

大冶市国际金融中心工程

　　大冶市金融服务中心，该工程总建筑面积5.3万平方米，总造价7000万元，项目位于大冶市罗桥工业园内，为大冶市"三个中心"重点建设项目。工程集高档酒店、高级写字楼、高端金融服务业和服务式公寓等功能于一体的综合性办公大楼。项目于2013年12月8日开工建设，2016年1月8日交付使用，由于该工程工期紧、任务重、质量要求高，公司挑选施工实践经验丰富、组织管理能力强的各专业骨干管理人员成立工程项目经理部，项目部严格遵循"高质量、高标准"的要求，严抓质量安全生产，并大量采用新技术新工艺，项目荣获省"安全文明施工现场"、"铜都杯"、"楚天杯"等奖项，为大冶市又添一座地标建筑。

嘉禾国际

　　2016年1月10日，嘉禾国际建设项目，该工程总建筑面积68993.66平方米，总造价约5500万元，于2016年4月26日开工建设，2018年5月30日交付使用，总工期760天。2018年5月，该项目获得黄石市建筑业协会颁发的"黄石市2017年度建筑结构优质工程奖"。工程进度、质量、安全均受到业主单位和相关部门的一致好评，取得了良好的社会影响。

星秀江南

　　2018年8月22日，星秀江南项目，该工程总建筑面积145788.04平方米，地上34层，地下2层，总造价2亿元，项目于2018年9月1日开工建设，2020年3月22日交付使用，总工期合计568天。2020年3月该项目获得黄石市建筑业协会颁发的"黄石市2019年度'铜都杯'（安全文明施工现场）奖"和"黄石市2019年度建设工程'铜都杯'（结构优质工程）奖"。

新疆大学

　　2019年5月20日，新疆大学新校区第四标段项目，该工程总建筑面积110204.37平方米，总造价约4.08亿元，包含电气工程教学、机械工程教学、信息技术、数学与系统科学教学4栋实验综合楼，工程研究中心及物理科学与技术学院等，项目于2019年5月20日开工建设，2020年7月20日交付使用，总工期合计428天。

金銮·龙吟湾

　　2020年5月20日，金銮·龙吟湾项目建设工程，该工程总建筑面积74431.34平方米，总造价约1.7亿元。2021年11月，该项目获得湖北省建设工程质量安全协会颁发的"2020-2021年度第三批湖北省建筑结构优质工程"和"2021-2022年度第一批湖北省建筑工程安全文明施工现场"两个奖项。

市政、钢结构与园林古建

东昌湖、镜明湖景观绿化古建工程

2017年6月11日，公司承接山东聊城东昌湖、镜明湖景观绿化古建工程，总造价约8450万元，项目于2017年6月15日开工建设，2018年1月20日交付使用，总工期合计242天。该项目工程是公司的第一个绿化园林古建项目，项目部人员突破重重技术阻碍，将工程项目如期交付。工程进度、质量、安全均受到业主单位和相关部门的一致好评，取得了良好的社会影响。

霍城县职业技能培训中心

2018年4月28日，霍城县职业技能培训中心一期工程项目，该工程共计14栋，总建筑面积约10万平方米，总造价4亿元，工期5月1日开工，7月30交付使用。一期工程按期保质保量完成了各项施工任务，得到了业主单位和相关部门的好评，且伊犁州州长视察工作时对该工程给予了高度评价。因一期项目任务圆满完成，业主单位将二期、三期、四期工程项目一同交与我司施工，目前该工程一至四期工程全部完工交付使用，取得了较满意的经济及社会效益。

曾子广场

嘉祥县曾子广场景观工程（曾子书院、至善阁）项目，该工程总造价4000万元，项目于2018年2月1日开工建设，2018年6月20日交付使用，总工期139天。该项目工程是公司的第一个古建项目，项目部人员突破重重技术阻碍，将工程项目如期交付。工程进度、质量、安全均受到业主单位和相关部门的一致好评，取得了良好的社会影响。

"四馆一院"

2018年8月，吉木萨尔县档案馆、文化馆、图书馆、规划和科技展览馆、影剧院工程，简称"四馆一院"，总造价约1000万元。吉木萨尔县四馆一院自建成以来，成为当地县城的标志性建筑，为当地百姓打造了一个独具一格的公共文化聚集地。

湖北和牌建设有限公司

Hubei Hepai Construction Co., Ltd.

公司简介
Company Profile

湖北和牌建设有限公司，始建于1994年。注册资金6008万元，流动资金1800万元，固定资产5亿元，目前已成为集房地产开发、建筑施工、混凝土制品、物业管理、汽车运输为一体的综合型多功能建筑工程施工总承包一级民营企业。公司现有在册人员108人，具有中级、高级技术人员72人，一级注册建造师6人，二级注册建造师16人。公司所承建的工程遍及鄂东南地区，并有多项工程被评为优良工程。曾连续多年被省、市人民政府授予"重合同、守信用单位"和"先进施工企业"，董事长柯有家先生多次被评为省、市"优秀企业家"。多年来，公司所承建的主要工程有：大冶湛月宾馆宴会厅、大冶市委办公楼、黄石市人大培训中心综合楼、黄石港区检察院办公楼、住宅楼、黄石市十七中教学楼、大冶市委集资楼、大冶伍家垅集贸市场综合楼、大冶永胜经济适用房1-4栋、大冶市国土资源局下黄小区、大冶市商会大厦、黄石市花湖污水处理厂、阳新八斗垅还建楼、柯渡祖堂等，所承建施工的工程，合格率100%。目前正在筹建的大冶市"五一大厦"公租房是我市的重点工程和"十件实事"之一，层高为51层，建筑面积约11万平方米，该工程竣工后，将成为我市的一项标志性建筑，并创造我市建筑史楼高之最。公司发展至今，全靠党领导和各部门的大力支持，我们定将继续努力，深化企业内部改革，不断创新，用好人才，进一步打造企业品牌，走可持续发展之路。并以"立足市场求发展，讲求信誉促兴旺，科学管理见成效，服务社会讲奉献"的宗旨，以"积极、稳妥、诚信、高效"为准则，把各项工作做得更好，决心率领全体员工与社会各界同仁携手合作，共同发展，为社会的建设和发展做出更大的贡献。

营业执照（副本）

开户许可证

安全生产许可证

建筑业企业资质证书

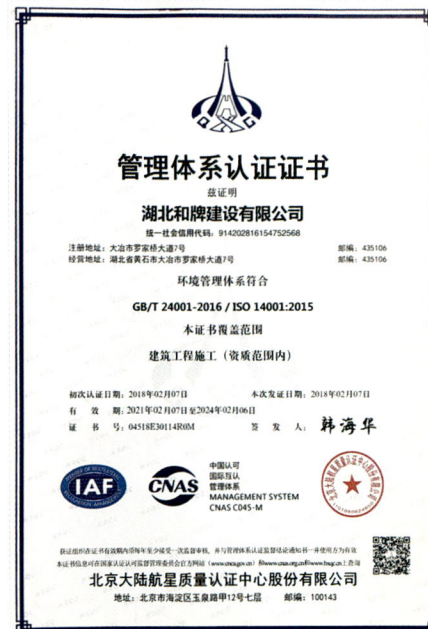

管理体系认证证书

安全生产标准化证书

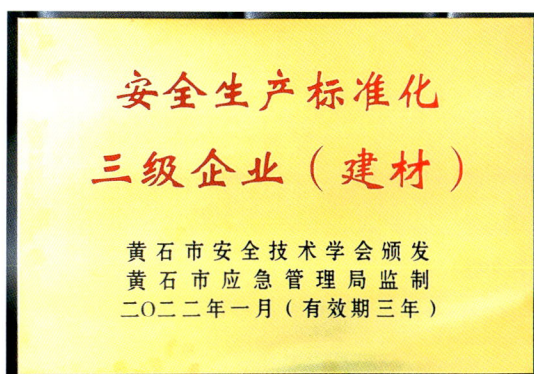

大冶市市委办公大楼

商会大厦

政协之家

大冶市科技馆

黄石市人大培训中心综合楼

黄石港检察院办公楼

湛月东苑小区

五一大厦

广场大厦

湖北同瑞建设发展有限公司

HUBEI TONGRUI ANCIENT GARDEN CO., LTD.

公司简介

Company Profile

　　湖北同瑞建设发展有限公司创建于2014年，不忘初心、乐于奉献，成立多年以来得到了社会认可，已发展壮大为建筑工程施工总承包一级企业。

　　公司以建筑工程为主体，以建筑工程、古建筑工程、装饰装修工程、建材经营等为一体的建筑企业，可承揽工业、民用等大体量、高层次、大跨度、高标准、精装饰的建筑施工业务。

　　公司拥有建筑工程施工总承包一级、古建筑工程专业承包一级、建筑装饰装修工程专业承包二级、模板脚手架专业承包不分等级、施工劳务资质不分等级。并被湖北省银企评信咨询有限公司评定为"AA级资信等级"，公司管理人员数量392人，项目经理18人（其中一级建造师15人、二级建造师3人）。公司的业务量逐年递增，发展势头越来越好。

　　公司尊崇"创新务实、奋进开拓"的企业精神，并以"诚信共赢、开创进取"的经营理念，公司依靠科技进步、强化管理，坚持走质量兴业之路，逐渐在湖北为中心，辐射安徽、广东、重庆、陕西等地。

　　公司矢志不渝追求的态势，珍惜每一分荣誉，坚持"质量用户、优质兴业"为责任，不断将优秀建筑产品贡献社会，与社会各界优势互补、同创辉煌！

企业资质

Enterprise Qualification

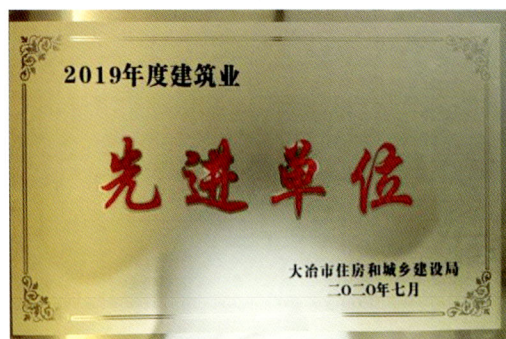

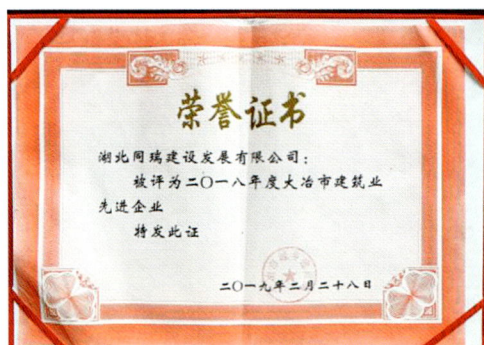

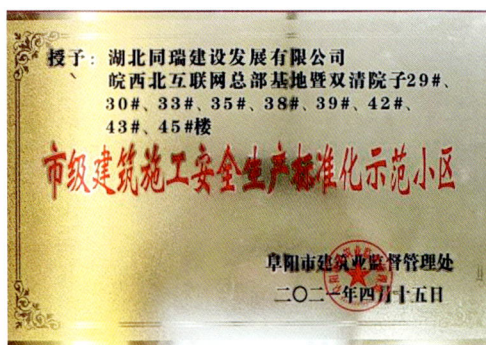

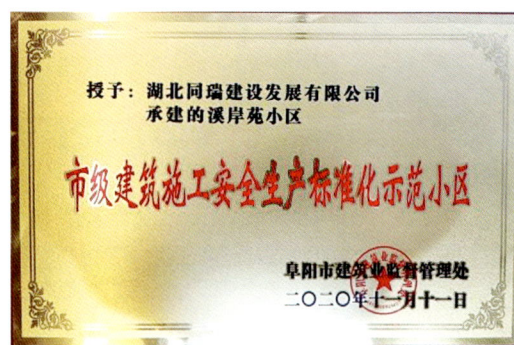

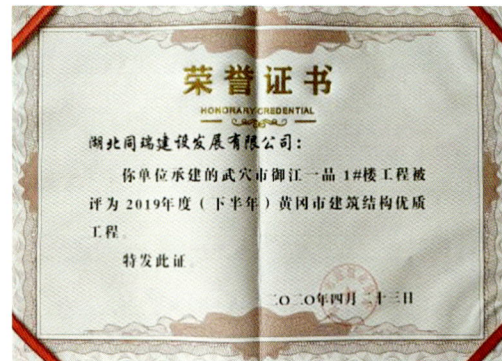

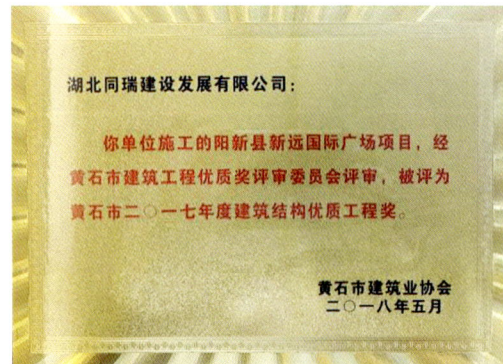

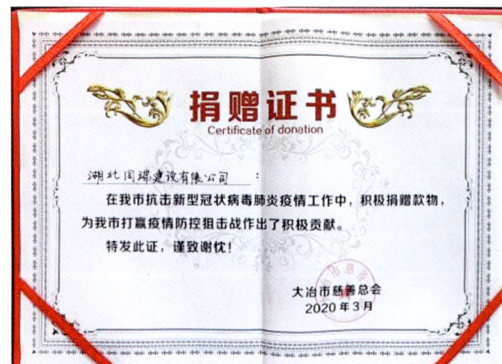

工程展示

远洋·风景
项目位于广州市增城区,总建筑面积136013.59平方米,其中1栋、7-9栋层高为15层,2-6栋层高为33层。本项目全部楼栋标准层结构均采用铝模、爬架、全混凝土外墙,另含30%的装配式建筑。

远凯华府
项目位于广东省佛山市,占地面积约为27401.75平方米,总建筑面积83603.43平方米,由6栋地上高层、地下室、一栋公寓及附属配套组成。

远洋·繁花里
项目位于广东省中山市神湾镇外沙村天熹路8号,项目总建筑面积117.2万平方米。包含1栋25层、3栋28层、3栋34层高层住宅、1栋4层商业楼及地下室。

福晟天地
项目位于城南路和双龙路交会处,项目占地29万平方米,总建筑面积72万平方米,共分六期开发。我公司为四期工程施工总承包,包含3栋22层住宅、1栋9层综合楼及对应的一层地下室和部分两层地下室。

远洋·芙蓉墅
项目位于广州市花都区,项目为高档别墅群,我公司为该项目的二期及三期工程施工总承包,其中二期总建筑面积68766.1平方米,由159栋独立别墅构成;三期总建筑面积39637.5平方米,由208栋独立别墅构成。

双清院子
　　项目位于阜阳市城南新区三清路南侧邢庄路西侧，项目占地面积15.2万平方米，建筑面积55万平方米，包含1栋3层幼儿园、3栋10层、2栋11层、2栋17层、4栋26层、3栋27层住宅及两层地下室。

溪岸堡墅
　　项目位于安徽省阜阳市颍州区颍州南路与柳林路交会处东北角。项目由14栋4~11层住宅楼组成，占地面积3.37万平方米，建筑面积7.7万平方米。

同瑞星城
　　项目位于湖北省大冶市大冶大道与东风路交会处，项目建筑面积18.1万平方米，占地面积3.34万平方米，由5栋33~34层住宅组成。

御江半岛
　　项目位于湖北省武穴市沿江大道明惠广场南，临江而立。项目占地面积4.4万平方米，总建筑面积13万平方米，由五栋33层住宅楼组成。

融翔·君悦澜山
　　项目位于潍溪沱河路和国槐路交口，占地面积6万平方米，总建筑面积15万平方米，共18栋楼，由多层洋房、小高层和高层组成。

大荔县历史文化展览馆周边风貌改造及廊亭建设工程

项目位于陕西省渭南市大荔县，2017年县委县政府决定恢复钟楼、鼓楼风貌，并将周边原有建筑物外立面进行仿古改造。

龟山古塔

项目位于山东省济宁市梁山县春园内的龟山南山腰。塔高56.66米，塔身结构为钢筋混凝土与木构件接合，共七层，建筑面积1199平方米，台明面积1640平方米。塔整体采用宋式仿古建筑风格，尖顶上采用金色铜鎏宝顶，屋面采用灰色琉璃筒瓦，塔身刷棕色醇酸磁漆木质塔身外装，含木柱、木门窗、木斗拱、木橡、梁、檩等，塔底座采用汉白玉铺装。建设工程内容包括：土建工程、装饰工程、仿古工程、安装工程。

隆福禅院

项目位于河北省迁西县滦水湾公园凤栖岛，建筑面积3675.81平方米，由法堂、戒坛、方丈院、上客堂组成。

荆州纪南·曲池里

该项目（一期工程）位于荆州市纪南生态文化旅游区武王大道与高阳大道交会处，占地面积为13.6万平方米，总建筑面积为27.8万平方米，项目产品以电梯花园洋房，叠拼和合院产品为主。由荆州纪南文化产业投资有限公司开发，中建三局集团有限公司和湖北同瑞建设发展有限公司组成联合体共同承建，其中合院部分由湖北同瑞建设发展有限公司独立施工。

湖北益建建设有限公司

Hubei Yijian Construction Engineering Co.,Ltd.

HUBEI YIJIAN

湖北益建

公司简介
Company Profile

  湖北益建建设有限公司（以下简称"益建公司"）成立于2012年7月5日，注册资金1亿元，益建公司总部设在大冶市观山路云顶花园二期五楼，是一家集建筑工程施工总承包、市政公用工程施工总承包、钢结构工程专业承包、防水防腐保温工程专业承包、建筑装修装饰工程专业承包、古建筑工程专业承包、地基基础工程专业承包、施工劳务资质于一体的总承包公司。目前公司职工500余人，其中一级建造师、二级建造师、工程师及各类专业技术人员260余人。

  益建公司近年来所承建的项目有：大冶市怡和园，大冶市云峰国际，大冶市尹家湖公立幼儿园，榕江县六和人家，榕江县江景名城，榕江县中央九号，西塞山区磁湖南岸二、三级污水管网改造工程——农行小区菜场小区，大冶市留建和还建点附属工程，大冶市叶家坝村道路改造工程，黄石市西塞山区马家嘴断头路道路改造工程，黄石市柏柯商贸有限公司物流中心2#车间等多个项目。近三年连续被大冶市住房和城乡建设局评为建筑业"先进企业"，2020年被大冶市市场监督管理局评为黄石市"守合同重信用"企业等。公司承建的大冶市尹家湖公立幼儿园项目，2020年度被评为市级和省级建筑工程"安全文明施工现场"、"建筑结构优质工程"；2021年被评为市建设工程"铜都杯"奖（优质工程）；2021年被湖北省建设工程、质量安全协会评为2021—2022年度（第一批）湖北省建设"楚天杯"（优质工程）。新冠肺炎疫情期间，我公司守望相助，向劲牌公司公益慈善机构捐赠医用外科口罩两万只，向大冶市叶家坝小学捐赠人脸识别测体温智能系统2台等。

  益建公司以厚实的人文资源和强大的专业技术团队作保障，一直秉承"精益建伟业，匠心筑宏图"的企业精神，奉行"规范化标准化打造精品求发展"的工程理念，提倡"科学、严谨、开拓、创新"的激励机制。益建公司在实现公司经济责任的同时在不断地提升公司的竞争力与社会责任，为企业树立了良好的声誉和形象。

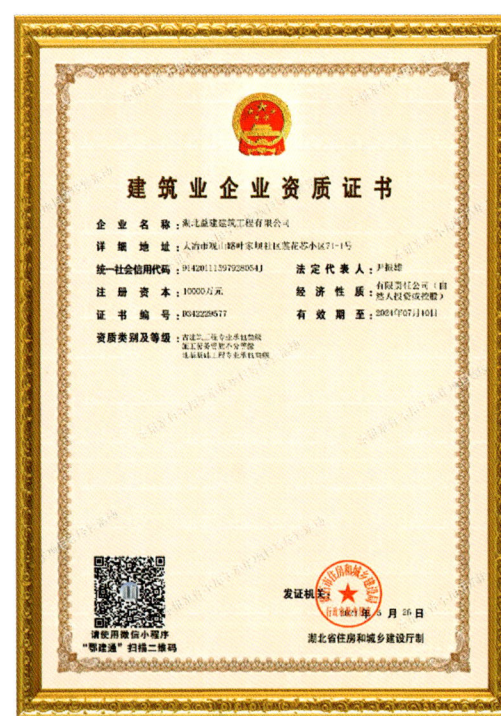

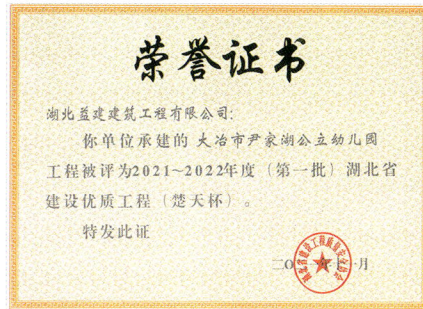

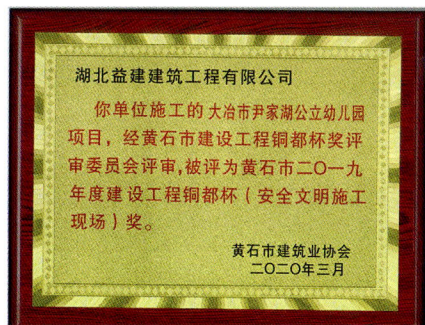

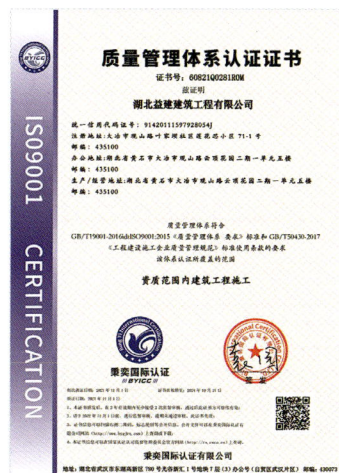

项目名称：榕江县·江景名城
建设地点：黔东南苗族侗族自治州—榕江县
总　面　积：254000 平方米
投资规模：75000 万元
开工日期：2017 年 8 月 9 日

项目名称：大冶市怡和园
建设地点：大冶市风华路西侧怡和东路南侧
总　面　积：60139 平方米
投资规模：9600 万元
开工日期：2017 年 12 月 20 日

项目名称：大冶市·云峰国际
建设地点：大冶市大冶大道西侧、
　　　　　原粮食局对面
总　面　积：81631.99 平方米
投资规模：28101 万元
开工日期：2019 年 7 月 8 日

项目名称：贵州省榕江县·六和人家
建设地点：黔东南苗族侗族自治州榕江县城北新区中心，大道东侧 2 号
　　　　　地块
总　面　积：93759.65 平方米
投资规模：25000 万元

项目名称：大冶市城东新建学校
建设地点：大冶市东北部尹家湖片区，北邻大冶北站
总　面　积：275633 平方米
总投资额：暂定 5 亿元
开工日期：2022 年 1 月

项目名称：大冶市公立幼儿园土建工程项目
建设地点：大冶市城东北片区纬十路北侧，经五路东侧
总　面　积：24587.7 平方米
投资规模：8600 万元
开工日期：2019 年 5 月 10 日

HUBEI DAYE CITY
CONSTRUCTION
ENTERPRISE
2022

二

古建筑工程
专业承包

公司简介
Company Profile

　　湖北殷祖古建集团有限公司成立于1986年，是一家集仿古建筑、文物修缮、风景园林工程规划、设计和施工及古建筑材料生产、加工为一体的专业公司。公司现有固定员工3000余人，拥有古建专家、建造师等工程技术人员近百人，各类能工巧匠近千人。公司具有文物修缮一级资质、仿古建筑一级资质、设计乙级资质和建筑工程总承包二级资质、市政公用工程施工总承包二级资质。

　　三十多年来，公司积极打造一流品牌，建造了一大批在全国有影响的名优工程项目，荣获优质工程奖百余项。主要项目有张飞庙整体搬迁工程，山西永济鹳雀楼，海南三亚市海韵龙栖湾一线海景度假公寓园林景观，新华联芜湖鸠兹古镇和长沙铜官窑古镇、即墨古城、万载古祠堂修复、长兴大唐贡茶院、莒国古城等。其中，重庆市涪陵白鹤梁题刻保护工程荣膺"全国文物保护科学技术创新奖"，重庆市云阳县张飞庙整体搬迁工程获"国家文物保护最佳工程奖"。荆州古城历史文化旅游区荣获"荆楚杯"优质工程奖，临沂市玉皇宫工程荣获"沂蒙杯"优质工程奖。

　　公司2002年通过了ISO 9001国际质量管理体系认证，先后被评为"中国古建园林十强企业""湖北省十大建筑名片"，并连续多年被评为湖北省"守合同重信用"单位。在全国各地设有四十多个分支机构，常年建设项目达三四百个，从业人员三万余人。

　　公司经过了创业期、技术成熟期、快速发展期三个阶段发展，目前进入了转型发展的新阶段。在新的阶段里，公司继续坚持"聚力主业创品牌，熔铸匠心建团队，构建平台求发展，延伸产业谋未来"的发展思路，高起点谋划未来，高强度推进转型，多领域跨行业经营，延伸产业链，培植新的增长点，向文化、旅游、康养、商业、地产迈进。

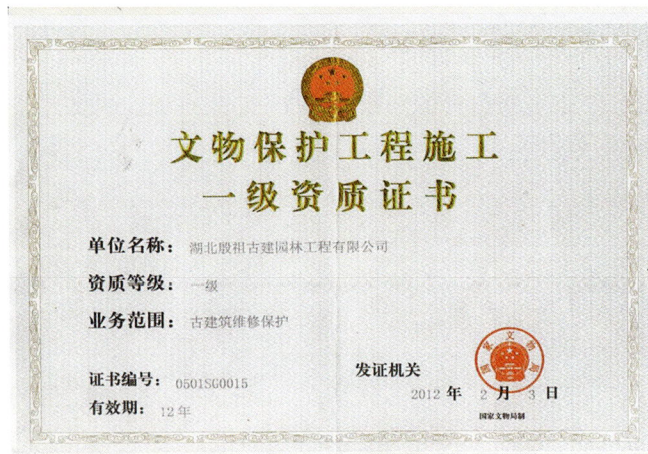

文物保护工程施工一级资质证书

单位名称：湖北殷祖古建园林工程有限公司
资质等级：一级
业务范围：古建筑维修保护

证书编号：0501SG0015
有效期：12年

发证机关
2012年2月3日

国家文物局制

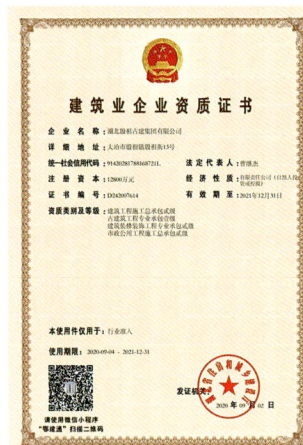

建筑业企业资质证书

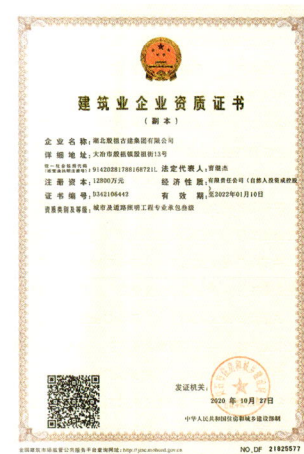

建筑业企业资质证书（副本）

湖北殷祖古建集团有限公司

大冶市2018-2020年度

A级纳税人

国家税务总局大冶市税务局
二〇二一年五月

湖北省2016-2017年度"守合同重信用"企业公示证明

湖北殷祖古建园林工程有限公司：

获得湖北省2016-2017年度"守合同重信用"企业公示，详情见湖北省工商行政管理局网站（http://gsj.hubei.gov.cn）和《湖北日报》。

特此证明。

2018年10月

证书

湖北殷祖古建园林工程有限公司

为表彰贵单位"重庆云阳县张飞庙整体搬迁工程"项目，在地面文物群体搬迁方面对我国文物保护维修保护工程起到了推动作用，经组委会专家评审，特授予该项目"国家文物保护最佳工程奖"荣誉称号

特发此证

中国民族建筑研究会 中国文物保护基金会
二〇一一年六月

荣誉证书 No:15-1079

湖北殷祖古建园林工程有限公司：

被认定为第十五届（2018-2019年度）湖北省守合同重信用企业。

特发此证。

湖北省市场监督管理局
二〇二〇年十月

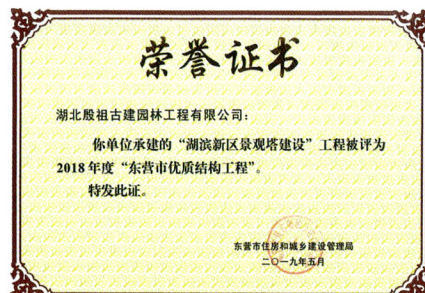

荣誉证书

湖北殷祖古建园林工程有限公司：

你单位承建的"湖滨新区景观塔建设"工程被评为2018年度"东营市优质结构工程"。

特发此证。

东营市住房和城乡建设管理局
二〇一九年五月

荣誉证书

湖北殷祖古建园林工程有限公司：

你单位承建的荆州古城历史文化旅游区护建升级工程被评为2015-2016年度第三批湖北省建筑工程安全文明施工现场。

特发此证

二〇一六年八月

优质主体结构工程证书

经有关方面推荐，优质主体结构工程评审委员会评审，武冈市博物馆工程 工程被评为 优质主体结构工程。

特颁此证。

邵阳市建设工程质量监督站
2018年

荣誉证书
HONORARY CREDENTIAL

曹继杰：

获评2017年度湖北省优秀建筑业企业经理荣誉称号。

湖北省建筑业协会
二〇一八年十月

荣誉证书
HONORARY CREDENTIAL

授予：湖北殷祖古建园林工程有限公司

2011年度中国古建园林企业十强

中国民族建筑研究会
二〇一一年十一月

山西永济鹳雀楼

公司1999年承接的山西永济鹳雀楼工程是中国目前最大的单体仿唐式风格建筑，斗口28厘米，总高73.9米，规模空前，技术要求和施工难度之大，居"四大名楼"之首。该工程的仿古建筑和彩画油漆工程全部由本公司施工，质量得到了国家古建筑专家们的高度赞扬，也得到了山西省住建厅和永济市政府领导的充分肯定，是殷祖古建发展历程中的璀璨篇章。

芜湖新华联鸠兹古镇项目

安徽省芜湖市的新华联文化旅游度假区，按照国家5A级景区标准进行打造，总投资100亿元，2013年破土动工，我公司参建的鸠兹古镇是传统徽派建筑群。

山东青岛即墨古城工程

山东青岛即墨古城，规划用地43公顷，总建筑面积39万平方米，古城内划分为文化体验、古风商业、古韵院落三大功能区。其中，"两街"及"十三坊"大部分建筑为湖北殷祖古建承建施工。

莒国古城

　　该项目总投资92200万元，用地面积150900平方米，建筑面积126279平方米，项目规划设计，力图在保证历史遗产真实性、完成性的前提下，古为今用，鼓励历史空间与环境的合理再利用，发挥历史资源的重要价值。

国家重点文物保护单位三峡库区重点文物搬迁工程重庆市云阳县张桓侯庙

　　公司2003年9月承建的张飞庙整体搬迁工程，施工质量得到了国家文物局和重庆市政府领导的高度赞扬，称赞张飞庙项目是中国最成功的地面文物群体搬迁工程，值得推广。公司的施工方案和各项施工技术资料已被国家文物局收藏。2008年，5·12汶川地震后，张飞庙景区周边建筑和环境都遭到了严重的破坏，而公司承接施工的张飞庙主体工程保存完好无损。过硬的质量得到了重庆市文物局领导和云阳县县委、县政府领导的高度赞扬，并特邀本公司继续参与县博物馆建设。

时任国家文物局专家组组长罗哲文（右三）、国家文物局文物保护司司长杨志军（左三）、重庆市文物局副局长王川平（右二）与公司总经理孙文明（中）在张飞庙新址合影

　　张飞庙工程属全国重点文物保护单位，2002年10月8日开工，2003年7月竣工，该工程得到了国家文物局专家和重庆市委、市政府领导的高度赞扬。

南京夫子庙

长沙铜官窑古镇工程

新华联铜官窑古镇景区依托有着1200多年历史的长沙铜官窑国家考古遗址公园而建，位于湘江长沙综合枢纽至长沙铜官窑的滨江区域，总占地面积1640亩（约109.33公顷），是长沙市"湘江古镇群建设三年行动计划"收官之作，也是目前中南地区投资最大的大型综合文化旅游项目。

万载田下古城

万载田下古城坐落于江西省宜春市万载县，总建设范围约16万平方米，该明清时代遗留建筑群以宗族祠堂居多，蕴含着非常重要的历史、人文、艺术、建筑、民俗等信息，是万载县政府重点保护工程项目。其建筑风格融合了皖南的徽州民居、福建的闽南民居、浙江中南部东阳和客家民居的建筑文化特色，呈现出多元化的、独特性的建筑风貌。建筑格局沿中轴线天井布置厅堂，与北方以院落为中心的建筑格局形成鲜明的对比。建筑结构为穿斗、抬梁混合式结构，既抗震又能满足内部大空间需求。灰塑和彩绘均集中在主入口处，高大"外八字门"更是建筑点睛之笔。

芜湖新华联鸠兹古镇项目

安徽省芜湖市的新华联文化旅游度假区，按照国家5A级景区标准进行打造，总投资100亿元，2013年破土动工，我公司参与建设的鸠兹古镇是传统徽派建筑群。

湖北楚风园林古建筑有限公司

Hubei Chufeng Garden and Ancient Architecture Co., Ltd.

公司简介
Company Profile

　　湖北楚风园林古建筑有限公司成立于2002年，历经20年的砥砺前行，公司已发展成为一家拥有仿古建筑、园林景观、文物修缮、城市绿化、市政公用、房屋建筑等多项工程施工能力的中型企业。公司现具备古建筑工程专业承包一级、文物保护工程施工二级、城市绿化二级、建筑装饰装修二级、市政公用工程施工三级、建筑工程施工三级、施工劳务分包等7项施工资质。企业注册资金11000万元，现有职工1500余人，其中各类工程技术人员260人，建造师及项目经理30人。公司通过了ISO 9001国际质量管理体系、OHSAS 18001职业健康体系及ISO 14001环境保护体系认证，建立了完整有效的质量管理、职业健康、环境保护体系。

　　近三年来，凭着良好的信誉，科学的管理、专业的技术，公司在大江南北、长城内外，构建了许多经典工程。在园林古建方面的主要业绩有：铜仁市碧江区中南门历史文化街区保护与整治建设项目二标段、麻城市湖广移民文化公园一期工程、临武县东林胜境旅游风景区楼宇建设工程、盐城市大纵湖古建筑工程、聊城市万达广场欢乐小镇文化旅游项目——屋顶文化公园传统建筑建设项目、鹰潭市月湖区城隍庙工程、巴东县茶店子镇茶店驿站民族风情街配套工程。在文物保护方面的主要业绩有：武汉辛亥革命武昌起义纪念馆议员公所旧址复原工程、青海玉树州玉树县下拉秀乡龙喜寺文物维修工程、武汉古琴台维修保护工程、新疆生产建设兵团小李庄军垦旧址抢险加固工程、海口府城鼓楼修缮项目。在城市园林绿化方面主要业绩有：明月湾公园项目一标段绿化工程、武穴市新城区道路工程五号路（21号路-沿湖路）绿化工程、九江慧龙国际二期非样板区景观工程、楚天都市·鑫园园林展示区工程第一标段等项目。在市政公用工程主要业绩有：织金县2015棚户区改造项目金南路公交车停靠站工程、新疆生产建设兵团第二师三十七团小区给水、排水、供热、景观建设二标段。这些工程都得到了建设单位的充分肯定和一致好评，为公司树立了良好的社会形象。目前公司在建工程主要有：山东无棣县古城恢复工程、庆阳市梦阳文化景区建设项目、西和县云华山景区旅游基础设施建设项目、飞行社区·楚源里A区-1组团项目样板区工程、荆州古城历史建筑修复与再利用项目、岳西县革命文物整体保护项目第八标段、三亚崖州湾崖州大道项目二标段景观提升工程、阳新县富池镇王曙村生态环境整治、支巷刷黑、硬化、照明及深沟大渠等项目。

　　公司2004~2016年连续七届被湖北省工商行政管理局、湖北省企业信用促进会授予湖北省"重合同守信用企业"，并被评为"湖北省优秀民营企业""湖北省建设工程质量管理优秀企业"，系中国工商业联合会"企业会员"，中国农业银行湖北省分行授予的"AAA"级资信企业，2013年度黄石市建筑业十强企业、2020年度大冶市建筑业先进企业等。

　　面对激烈的市场竞争，公司郑重承诺：业主第一、质量至上、诚信为本、坦诚合作。我们将继续弘扬"构建经典园林、彰显楚风神韵"的经营理念，努力为客户提供优质服务，为社会打造精品工程。

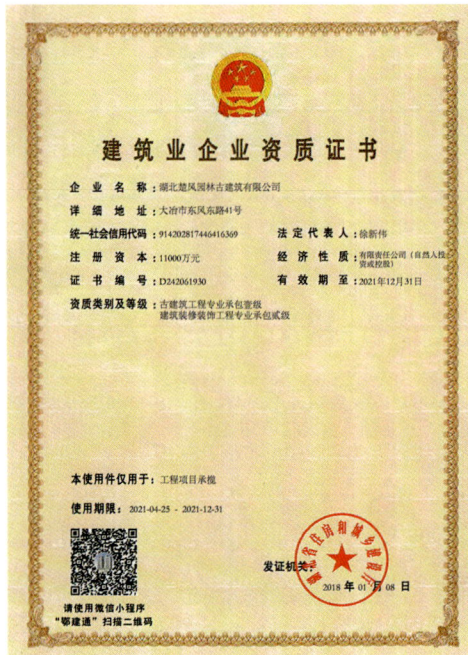

古建筑工程专业承包一级
建筑装饰装修二级

市政公用工程施工总承包三级
建筑工程施工总承包三级
施工劳务分包不分等级

文物保护工程施工二级

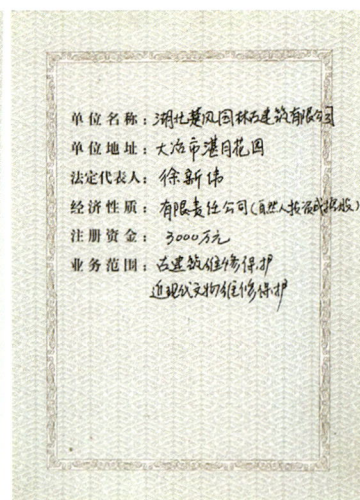

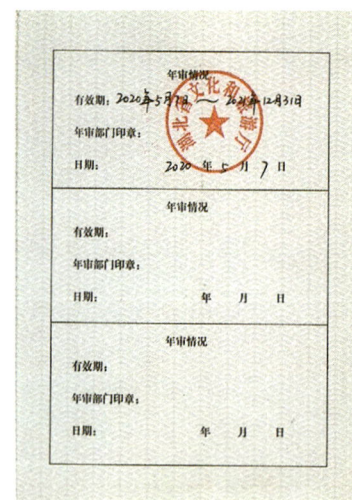

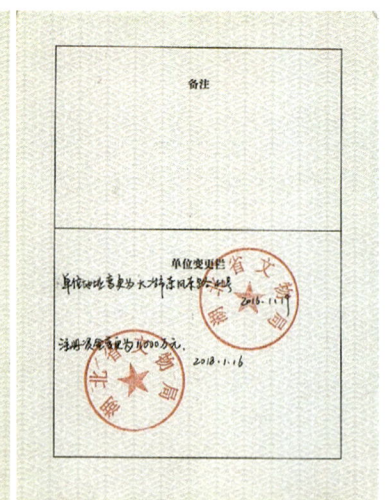

湖北楚风园林古建筑有限公司

守合同重信用企业

湖北省工商行政管理局
湖北省企业信用促进会
二〇一四年七月

2014 年守合同重信用企业

湖北楚风园林古建筑有限公司

守合同重信用企业

湖北省工商行政管理局
湖北省企业信用促进会
二〇一六年七月

2016 年守合同重信用企业

2013年度
黄石市十强建筑业企业

黄石市人民政府
二〇一四年四月

黄石市十强建筑业企业

湖北楚风园林古建筑有限公司

黄石市文明诚信示范企业

中共黄石市委宣传部
黄石市精神文明建设委员会办公室
黄石市工商行政管理局
二〇一五年十二月

黄石市文明诚信示范企业

湖北楚风园林古建筑有限公司

守合同重信用企业

黄石市工商行政管理局
黄石市企业信用促进会
二〇一七年九月

2017 年守合同重信用企业

质量第一 信誉为本

授予：湖北楚风园林古建筑有限公司
在国家级非物质文化遗产—梅花拳文化苑建设中评为

质量诚信标杆合作企业

国家非物质文化遗产梅花拳
平乡县历练拳保护传承协会
二〇一六年十月

质量诚信标杆合作企业

2019年度建筑业
先进单位

大冶市住房和城乡建设局
二〇二〇年七月

2019 年度建筑业先进单位

2020年度建筑业
先进单位

大冶市住房和城乡建设局
二〇二一年五月

2020 年度建筑业先进单位

宜春市多胜楼工程

盐城大纵湖古建工程

麻城移民公园工程

勉县灯塔工程

临武东临胜境工程

无棣古城恢复工程

大冶市景苑园林仿古建筑工程有限公司

Daye Jingyuan Landscape & Ancient Building Construction Engineering CO.,LTD.

公司简介
Company Profile

　　大冶市景苑园林仿古建筑工程有限公司，成立于2001年7月，是由原大冶市园林仿古建筑工程公司改制而成立的有限责任公司，是湖北省首家被住房和城乡建设部核定批准为一级专业园林古建筑施工企业。公司注册资金2660.1万元；拥有机械设备485台套；现有职工1858人，各类专业技术人员及技工350余人，具有中级、高级技术职称人员254余人，项目经理56人。现拥有古建筑工程、建筑装饰装修工程、建筑工程施工总承包、环保工程、城市及道路照明工程、市政公用工程、文物保护工程等多项施工资质。

　　大冶市是华夏青铜文化发祥地、近代民族钢铁工业的摇篮、中国保健酒之乡、中国石雕之乡、中国古建之乡、全国文明城市。大冶的园林仿古建筑业，自唐宋至明清以来就闻名于世。今天的大冶景苑古建公司是大冶古建行业的先行军，是一支具规划、设计、施工、技术咨询一条龙服务的具有很强专业实力的队伍。公司一贯奉行"百年大计，质量第一、安全第一"的方针，坚持"科学管理，质量第一，信誉第一，服务至上"的经营宗旨，在全国各地已打开了广阔的建筑市场，年产值逾10亿元，提供就业岗位人员5千多人，营造了大批高工效、高质量、安全可靠的仿古建筑工程、名胜风景区景点和具有时代特色的园林景观工程。为人们营造了近乎自然、胜于自然的工作和生活环境，同时赢得了巨大的经济效益和社会效益，先后承建的所有工程赢得了建设单位的称赞和社会的一致好评。

　　以质量求信誉，靠诚信占市场，向管理要效益，是景苑的经营之道。历年来，我公司多次被评为省、市"重合同守信用企业""红旗单位""先进单位""文明单位""百强企业""质量、诚信、服务满意率三优""百强企业""先进建筑业企业"。大冶景苑古建公司现已全面建立现代企业管理制度，规模进一步扩大，实力进一步加强。在今后的奋斗历程中，景苑人将以饱满的热情、超越的信心和十足的干劲，乘胜前进，奋力拼搏，追求不止。

　　大冶景苑古建公司本着"融汇历代精华，建造精品工程""团队合作，协同升华"，为您提供优质服务和真诚合作，并对关心、支持和帮助我公司发展的各界领导、同仁、朋友致以真诚的谢意！敬请提出宝贵的意见，欢迎光临我公司考察、指导！

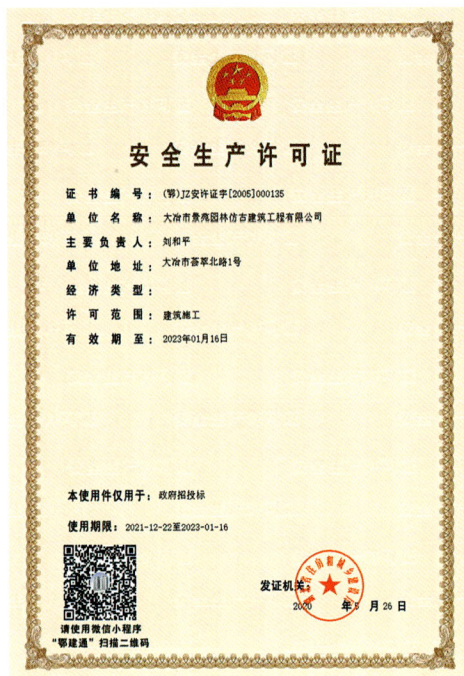

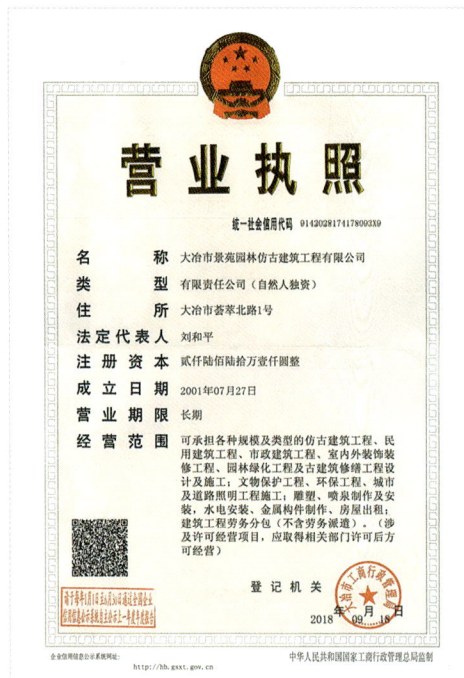

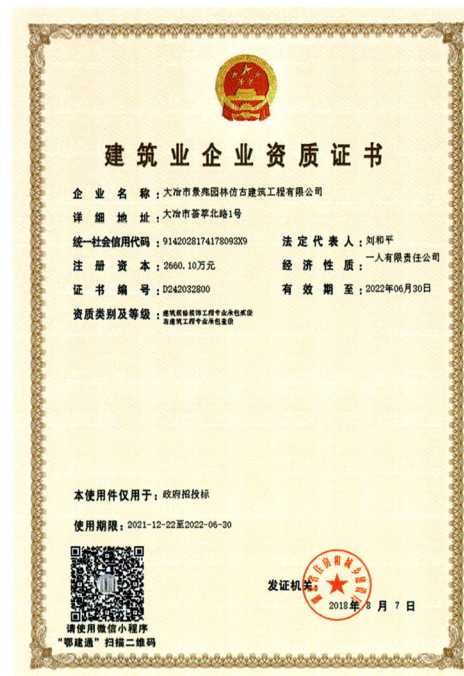

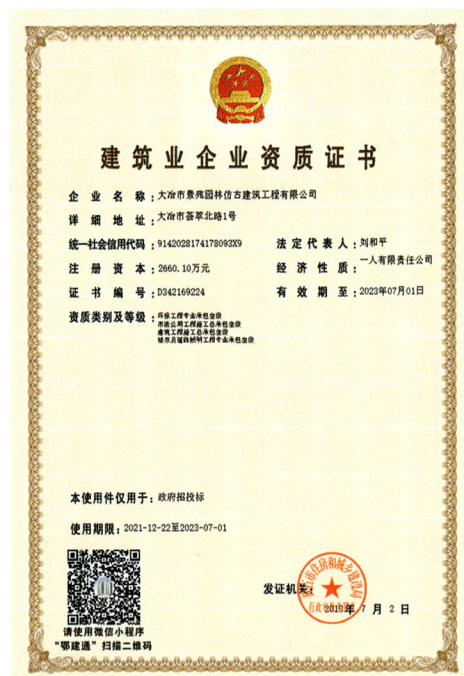

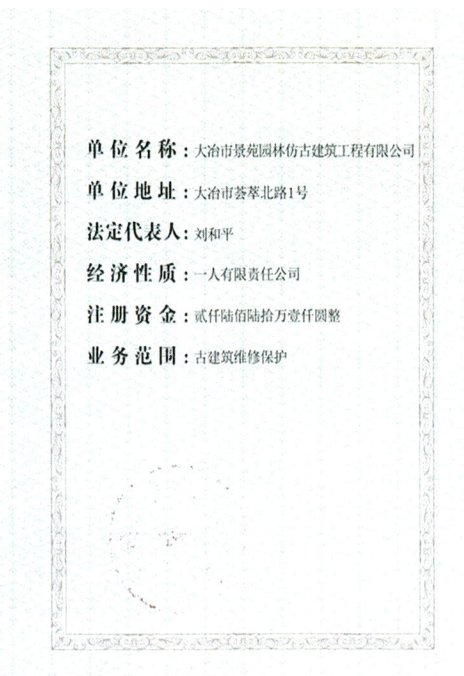

2009年度
黄石市十强建筑业企业
黄石市人民政府
二〇一〇年二月

大冶市景苑园林仿古建筑工程有限公司
AAA级信用企业

大冶市景苑园林仿古建筑工程有限公司
大冶市2018-2020年度
A级纳税人
国家税务总局大冶市税务局
二〇二一年五月

荣誉证书
大冶市景苑园林仿古建筑工程有限公司
经审查，贵单位被确认为
全国工程建设质量安全信誉AAA级保障企业
特颁发此证书
全国企业信誉评估委员会 中国工程咨询与监理联合会
二〇一六年 二〇一六年

湖北省建筑业
先进建筑业企业
湖北省建筑业协会
二〇一二年八月

2020年度建筑业
先进单位
大冶市住房和城乡建设局
二〇二一年五月

2019年度建筑业
先进单位
大冶市住房和城乡建设局
二〇二〇年七月

授予：2009年度建筑企业
红旗单位
大冶市规划建设局
二〇一〇年三月

大水井古建筑群李氏宗祠文物保护工程：
荣获首届湖北省文物保护
工程二等奖。特发此证，以资
鼓励。
湖北省文物局
二〇一一年十二月

授予：大冶市景苑园林仿古建筑工程有限公司
诚信企业
中共偃师市委
偃师市人民政府
二〇一六年元月

湖北权威调查统计
大冶市景苑园林仿古建筑工程有限公司
质量 诚信 服务满意率三优
湖北省统计学会
二〇〇三年十月

荣誉证书
大冶市景苑园林仿古建筑工程有限公司：
你单位荣获2013-2014年度湖北省建筑业先进
建筑业企业，特发此证，以资鼓励！
湖北省建筑业协会
二〇一五年八月

荣誉证书
大冶市景苑园林仿古建筑工程有限公司
被认定为第十三届（2013—2014年度）湖
北省守合同重信用企业。
特发此证。
二〇一七年七月

荣誉证书
大冶市景苑园林仿古建筑工程有限公司：
经考核，你单位被认定为2013-2014年度黄石市
守合同重信用企业
特发此证

巴东县纤夫文化走廊

介休市汾河湿地公园和谐塔

和林格尔县和盛阁

韶关望韶楼

随州餐霞楼

武汉祭祀中心

郑州炎黄二帝塑像附属

壶关真武帝

汝城县朱氏宗祠

贵州省独山县大戏楼

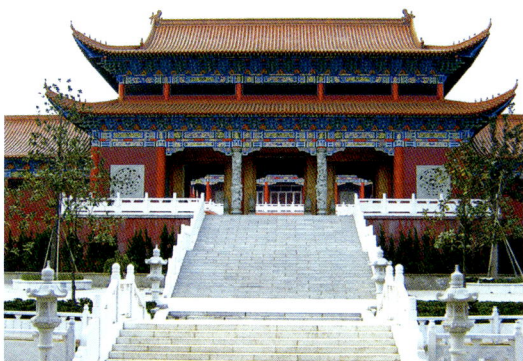

合肥开福寺

吕梁市如意阁

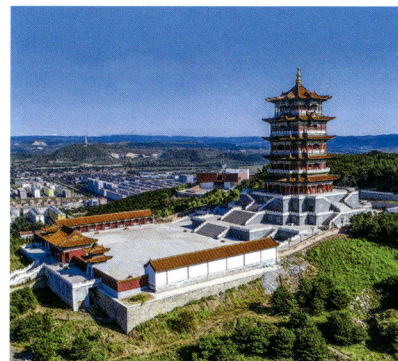

壶关县高望阁

维坊市人民公园中式园

商丘市历史文化古城

湖北丰景园林古建有限公司

Hubei Fengjing Garden Ancient Construction Co., Ltd.

豐景古建

公司简介

Company Profile

湖北省"十大建筑名片"之一；

中国园林古建之乡——大冶古建"骨干企业"；

全国古建筑施工企业十强；

中国民族建筑行业百强企业。

湖北丰景园林古建有限公司成立于2005年，注册资本1.5亿元人民币，以古建筑工程、文物保护工程、园林景观工程、市政公共工程、特种工程等业务为重要业务产业链。历经十几载的长足发展，公司业务已经遍布全国20余省市，打造了超过300余座匠艺力作，公司始终秉持着"求真务实、匠心修为、家国情怀"的企业精神，努力培养"高、精、尖、专"人才队伍，如今已有工匠7000余人。2015年丰景古建被中国建筑业协会评为"全国古建筑施工企业十强"，2016年、2017年冠冕"中国民族建筑行业百强企业"，且荣获大冶市民营经济发展贡献奖，连续多年被评为湖北省建筑业重点培育企业和大冶市纳税贡献重点企业、"重合同守信用"企业。2018年，丰景古建乘势而上，先后布局武汉、成都等新一线城市，实现跨区域、多纵横集团式发展，整合拓展新中式产品和材料研发、新中式地产建筑施工、文创定制等创新业务，在夯实传统模式上增添了新的动力。

丰景古建是大冶最早发展壮大起来的代表性企业。拥有全行业包括古建工程、市政工程、建筑工程、文物保护工程等15项资质，通过了ISO质量、环境和职业健康管理体系认证。作为大冶"核心骨干"和湖北省"十大建筑名片"之一的品牌企业，我们以规范的管理、过硬的技术、优质的服务赢得了中建三局、中建七局、中建八局、中铁电气化局、葛洲坝集团、中交二航局等战略合作伙伴的信任。

公司凭借良好的品质信誉、精湛的技术实力，成功打造了不少优秀作品。第五届深圳园博园、河南宝丰中华曲艺展览馆（国家非物质文化遗产）、山东台儿庄运河古城、山东即墨古城、河南光山龙山湖湿地公园（国家级）、山西忻州古城、湖南武冈同保楼、武汉大学蝶楼文物抢修保护工程等标志性工程，确立了业内标杆的地位；与中建七局合作施工的咸宁永安阁景区工程，荣获2021年湖北省优质工程"楚天杯"奖。

作为代言湖北古建的一张靓丽名片，我们在产品创新方面与北京大学、武汉大学、中国民族建筑研究会等高校和机构长期保持着良好的研发合作关系，拥有自主知识产权的装配式可拆卸仿古构件、通风散热防水式仿古金属瓦和仿古建筑一体化防风幕墙等十多项新中式建筑专利技术，拥有30余人的设计、材料研发团队，500余名专业的古建筑规划、设计、施工专家以及石、木、砖高级雕刻技师，450台(套)先进施工机械设备，成为国内新中式建筑的标杆企业。

丰景古建会一直秉持"品质为基、创新为上、与时俱进、兼容并蓄"的核心价值观，坚持"价值共创、价值共享、合作共赢"的合作理念，为社会精铸更多传世精品作品，也热忱期待与更多合作方共创嘉业。

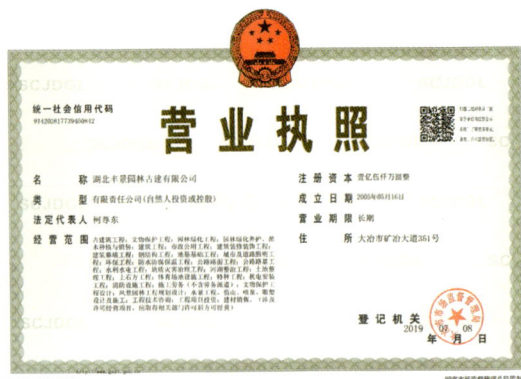

营业执照

统一社会信用代码

名 称 湖北丰景园林古建有限公司
类 型 有限责任公司(自然人投资或控股)
法定代表人 柯孝东
经营范围 ……
住 所 大冶市矿冶大道361号

登记机关
2019年 月 日

建筑业企业资质证书

建筑业企业资质证书

文物保护工程施工
资质证书

单位名称 湖北丰景园林古建有限公司
资质等级 二级
业务范围 古建筑、近现代文物建筑

证书编号
发证机关 湖北省文物局
有效期 十二年 2013年 月 日

文物保护工程勘察设计
资质证书

单位名称 湖北丰景园林古建有限公司
资质等级 三级
业务范围 古建筑、近现代重要史迹及代表性建筑
证书编号 文物设计丙字0202SJ1701 发证机关 黄石市文物局
有效期 十二年 2017年 07月 24日

荣誉证书

在中国民族建筑2018年度先进典型表彰活动中,授予:申报的中国华铭·亚龙府一期项目

民族建筑工程金奖

获奖单位:湖北丰景园林古建有限公司
特颁此证。

中国民族建筑研究会
二〇一八年十一月

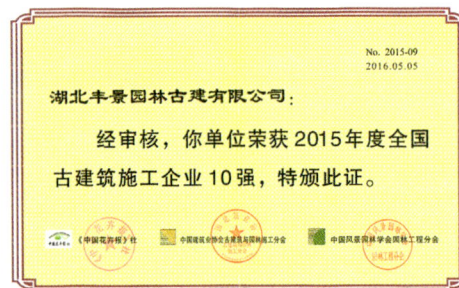

No. 2015-09
2016.05.05

湖北丰景园林古建有限公司:

经审核,你单位荣获2015年度全国古建筑施工企业10强,特颁此证。

企业信用等级证书
CERTIFICATE OF ENTERPRISE CREDIT GRADE

湖北丰景园林古建有限公司

荣誉证书

湖北丰景园林古建有限公司

2016年度中国民族建筑行业
NATIONAL ARCHITECTURE INDUSTRY OF CHINA 2016

百强企业
TOP 100 ENTERPRISES
(古建园林类)
ANCIENT GARDEN CLASS

中国民族建筑研究会
2017年 月17日

企业信用评价AAA级信用企业
ENTERPRISE CREDIT EVALUATION

中国国际电子商务中心
北京国富泰信用管理有限公司
China National Credit Information Service Co., Ltd.

2019年度建筑业
先进单位

大冶市住房和城乡建设局
二〇二〇年五月

2020年度建筑业
先进单位

大冶市住房和城乡建设局
二〇二一年五月

全国古建筑施工企业10强
2015年度

湖北丰景园林古建有限公司
守合同重信用企业

湖北省工商行政管理局
湖北省企业信用促进会
二〇一六年七月

湖北丰景园林古建有限公司
守合同重信用企业

黄石市工商行政管理局
黄石市企业信用促进会
二〇一七年九月

湖北丰景园林古建有限公司
2013-2014年度
守合同重信用企业

黄石市人民政府
二〇一六年三月

2017年度民营经济发展贡献榜
税收贡献奖

中共大冶市委 大冶市人民政府
二〇一七年十二月

新中式建筑

成都麓府

  项目占地约330亩，是中国华皓与丰景古建在西南打造的新中式府院项目，项目一经建成即获得国内地产和建筑行业的关注和赞誉。麓府是丰景古建在新中式领域的成功案例，经过长达两年多的研发和实践，从建筑设计、园林景观、新材料等方面取得了行业的领先成果。

三亚亚龙府

  亚龙府是丰景古建与中国华皓在三亚亚龙湾的又一项新中式经典力作，基于成都麓府新中式的成功经验，择址北纬18°亚龙湾畔，打造了中国最南端的生命奢养府院。对匠艺的坚守与创新，以对中国古代建筑文化造诣与精湛的匠艺，匠造华皓亚龙府景观，淋漓尽致地演绎了中国天人合一的居住景观，该项目让丰景古建再次夯实了在国内新中式领域的地位。

传统古建筑

湖南武冈同保楼

为加快城市建设步伐，激活旅游资源，促进民俗文化旅游服务平台建设。武冈市市委、市政府力邀丰景古建修建同保楼，公司参详武冈2200多年悠久历史，集其独特的文化风俗元素，以仿古建筑形制打造同保楼，建成后用于展示传统武冈饮食（卤菜、铜鹅）等地方特色旅游产品和武冈民俗文化（丝弦、傩戏、阳戏等）。

山东台儿庄运河古城

2008年中共枣庄市委、市政府重建台儿庄古城，并邀请丰景古建参与古城的修复工程，丰景古建按照"大战故地、运河古城、江北水乡、时尚生活"的定位，遵循"留古、复古、扬古、用古"的理念，将保存下来的大战遗址、古城墙、古码头、古民居、古街巷、古商埠、古庙宇、古会馆等历史遗产科学地进行修复，将其打造成为世界文化遗产、国际旅游休闲目的地和国家级文化产业示范园区。

匠心工艺

悬山顶，贵胄之属

麓府的院落建筑，采用历史最为悠久的悬山顶，古代王侯贵胄方可使用。正脊、垂脊，轮廓分明，与天空相合，筑造出宅院坚实的脊梁。

飞檐，天圆地方

丰景古建深谙天人合一、天圆地方、阴阳相辅相成的中国传统建筑思想，在中德·麓府合院的檐口亦体现得淋漓尽致，飞椽、檐椽铺排出多层次的屋檐，方圆相交、凹凸相循、层次分明，宅门贵雅之意境呼之欲出。

窗花，三交六椀

丰景古建将故宫殿宇中的最高等级——三交六椀菱花式作为中德·麓府合院的窗花，历史文化的厚重与现代技艺的精工，相得益彰，在细微中见证中国宅院的顶级法度。

垂花门，垂莲金柱

为了一道垂花门，丰景古建按照1：1实体打样，经过三轮调整数个样本，数十位顶级丰景工匠，以巧夺天工的手工技艺打磨，历时两年，从国内八家顶级古建公司脱颖，才定制出这扇最具国宅正统风范的垂花门。

精工雕琢，匠心见细节

经过丰景古建雕琢的麓府合院中，无处不在的精细实木雕刻，传达出最为纯粹的国宅风度。无论垂花、窗花、美人靠等细节之处的雕花，均以硬木类实木为材，辅以技艺精湛的大匠师进行手工雕琢，再现了中国传统建筑传承的经典设计手法。

院藏山海，园林意境

中国园林，更是一部包含着天地万物的史诗名著。丰景古建在麓府庭院内强调"师法自然"的生态理念，以自然风光为主体，将庭院万象有机地融为一体，重在构造的精巧，更重在山水意境的创造。

明洋建设有限公司
MINGYANG CONSTRUCTION CO., LTD.

公司简介
Company Profile

明洋建设有限公司（以下简称"明洋公司"）成立于2008年7月17日，是一家集园林古建筑、文物修缮、园林绿化、市政公用工程、城市及道路照明于一体的专业公司。目前公司拥有员工2256人，其中注册一级建造师、二级建造师、高级工程师等各类专业技术人员达400余人。

明洋公司总部设在大冶市罗家桥街道罗金大道40号，现有注册资金11600万元。经湖北省住建厅核定，具有古建筑工程专业承包一级、市政公用工程总承包二级、文物保护工程二级、城市园林绿化二级、建筑装修装饰专业承包二级、城市及道路照明三级资质，钢结构工程专业承包三级，环保工程专业承包三级等。明洋公司以厚实的人文资源和强大的专业技术队伍作保障，承接的业务遍及大江南北（湖北、湖南、山东、黑龙江、新疆、贵州、内蒙古）等27个省、市、自治区。

公司近年承接的黄石圣明路道路景观工程、阳泉北站站前广场景观工程、嘉山县抗日民主政府旧址修缮工程、上高县观澜阁塔修缮工程、大冶铜录山古矿遗址道路绿化工程、丹霞山观景塔工程、盘龙山公园、毕节市七星关区天河古城仿古风貌改造三期工程、福泉城墙小西门至北门717米段修缮工程、阳新县莲花湖风景区景观工程一标段、庆云中国传统文化教育基地博物馆、岐江河环境整治工程二期-东明桥休闲健身公园、石岐区岐江河南岸东明桥东侧、铁刹山三清宫古庙宇群建设工程、福州三坊七巷第六批历史建筑保护修复工程、襄阳市鱼梁洲路桥连通工程、金乡县金河社区（B区、C区）室外配套增加工程、大冶市法治主题公园建设项目、汉川市南河乡等三个乡2016年度高标准基本农田土地整治项目（第一标段）、枫林高铁站前广场及配套工程、大冶市刘金线殷祖镇区段建设工程、毕节市七星关区碧海阳光城山体公园特色门楼建筑安装工程、商丘古都城美人胡同特色餐饮街区建设项目（二次）第一标段、浠水县北城新区道路绿化工程招标（二标段）等市政园林绿化工程、仿古建筑工程、文物修缮工程等项目，工程履约率、合格率均达到100%，受到了海内外游客的一致好评。

公司2017年9月被黄石市工商行政管理局授予"2015—2016年度黄石市守合同重信用企业"称号；2018年10月被湖北省工商行政管理局授予"湖北省2016—2017年度守合同重信用企业"称号；2019年10月被湖北省市政工程协会授予"2017—2018年度湖北市政行业A诚信企业"称号；2019年2月被大冶市诚信建设局授予"2018年度大冶市建筑业先进企业"称号；2020年7月被大冶市住房和城乡建设局授予"2019年度建筑业先进单位"称号；2020年5月被中国管理科学研究诚信评价研究中心授予"全国重合同守信用企业"称号；2020年8月被黄石市市场监督管理局授予"2018湖北省守合同重信用企业"称号；2020年10月被湖北省生产监督管理局授予"第十五届（2018—2019年度）湖北省守合同重信用企业"称号；2021年5月被大冶市住房和城乡建设局授予"2020年度建筑业新进单位"称号；2021年5月被国家税务局大冶市税务局授予"大冶市2018—2020年度A级纳税人"；2020年1月我公司承建的金河社区一期棚户区改造项目（B区、C区室外配套增加工程）被中国建设工程协议授予"全国优质工程金杯奖"称号；2020年9月我公司承建的枫林高铁站前广场及配套设施工程被黄石市市政园林协会授予"2019年度黄石市市政示范工程金奖"称号；2020年1月我公司承建的阳新县莲花湖风景区景观工程第一标段被黄石市市政园林协会授予"2020年度黄石市园林绿化优质工程（银奖）称号"；2012年10月和2021年5月连续通过"ISO 9001:2008质量管理体系认证""ISO 14001:2004环境管理体系认证""GB/T 28001-2011职业健康安全体系认证"。

明洋公司一直秉承"诚信服务、质量至上、努力创新、奉献经典"的企业精神，坚持"以人才为资本，以服务为导向"的经营方针，奉行"规范化、标准化、精品化发展"的工程理念，提倡"科学、严谨、开拓、创新"的激励机制，以客观合理的造价，将真诚的服务、一流的质量、精湛的施工技艺融入自然山水园林。在叠嶂、山水、园林道路铺设、水榭、亭阁中体现现代园林特色，为客户献上令世人满意的雅致园林景观、仿古建筑。

明洋公司以弘扬古典园林建筑的优秀传统文化为追求，致力于在城乡建设、城市规划、住房建设、环境设计等领域吸收新理念并有所建树。面对机遇和挑战，明洋人充满信心！我们将凭借先进的管理体系和雄厚的经济基础及一流的施工队伍、优质的服务为您开展真诚的合作！

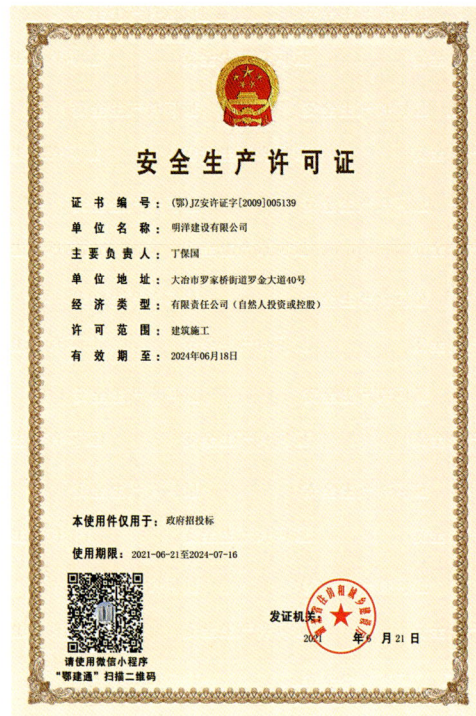

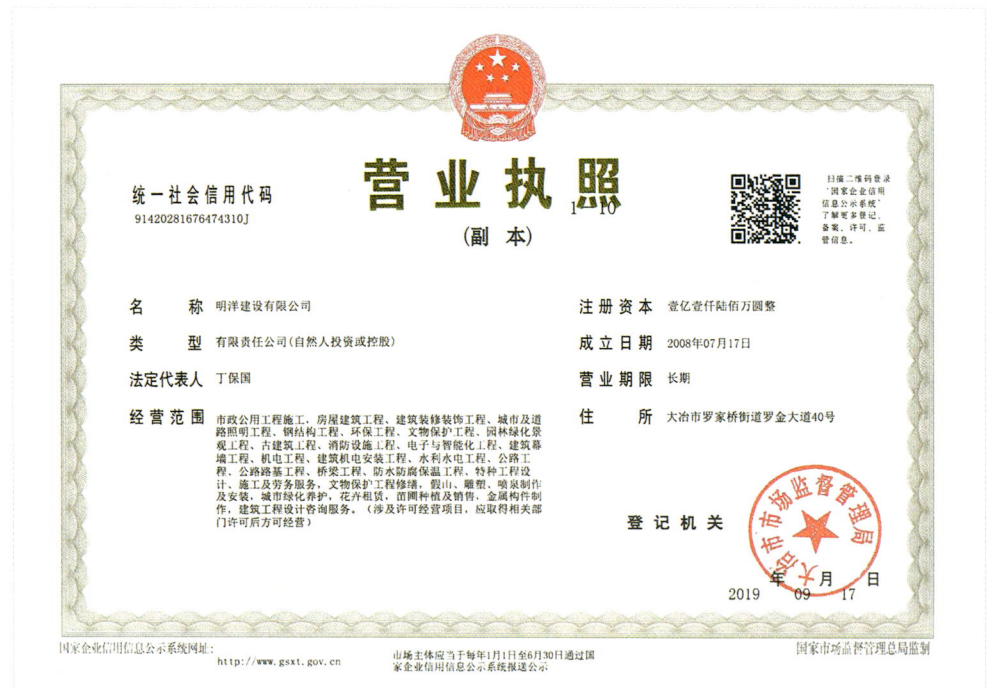

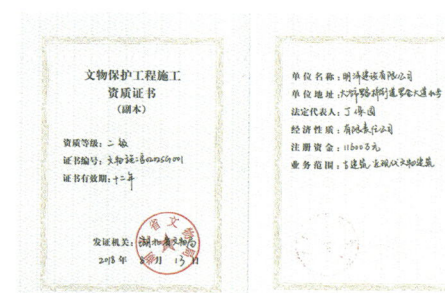

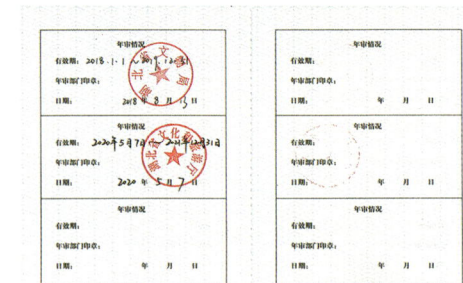

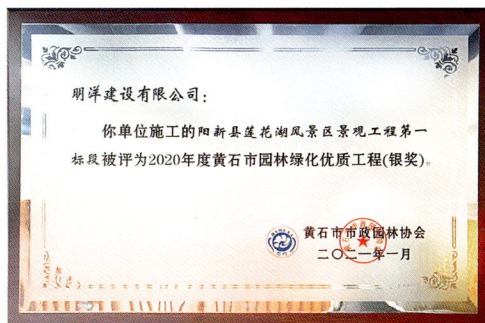

肥东马政寺圣贤堂

马政寺原名马政庙历道教信徒集资兴建，合肥百姓因慕娘娘而名，此庙迄今六百年之久，由我公司进行修缮整修，寺内常年栽植花木、樟树、桂花，四季常青，冬暖夏凉，适宜人居，吸引僧人、居士来此定居，是旅游观光避暑的胜地，极具开发价值。

青州巾古城民俗馆、过街巾楼古建工程

青州民俗馆室内展区分为信美东方、物华天宝、云门璧合、回族胜迹、旗城春秋等10个展厅，反映青州古代、近代具有代表性的民俗传承文化，展示青州的风土人情和青州人民的勤劳智慧。以砖木、土石、金属等朴素的传统装饰材质的组合传达温厚的人文情怀，与老物件、老场景、雕塑、老照片等古典装饰元素搭配展示青州民俗，全面地展示了青州悠久的历史文化和丰富的当地民众习俗，具有较高的观赏性。

洪湖市瞿家湾湘西革命根据地旧址群建设项目

洪湖瞿家湾湘西革命根据地旧址，共有现代重要史迹及代表性建筑39处，古建筑多为清末民初的民居建筑，具有典型的江汉平原水乡小镇特色，穿斗式土木结构、单檐硬山、灰墙玄瓦、高垛翘脊，装饰精巧，形成了独有的古朴韵味，具有朴素的美感和较高的艺术价值。

贵州瓮安草塘古邑古城楼

瓮安草塘千年古邑旅游区，已有一千多年的历史。它是贵州历史上著名的商业重镇，素有黔中明珠、黔北四大名镇、贵州十大乡场的美誉，自古商贸发达，物产丰富。我公司承建了该项目的瓮安县草塘古邑城门楼，达到合格验收标准，该城楼成为当地网红打卡地，作为近代红军长征重要的一站，是全国爱国主义教育基地之一。

实景图

庆云中国传统文化教育基地博物馆

该项目为海岛金山寺三期项目，由庆云县金山传统文化交流中心齐素萍居士投资兴建，前期计划投资约6.5亿元，先期由清华大学建筑规划设计院规划设计，由我公司承建，主要建筑物有古城墙、大成殿、博物馆群、民俗博物馆等。

商丘古都城美人胡同特色餐饮街区建设项目

商丘古都城用地范围1.13平方公里，由我公司负责该项目的承建，施工内容包括景区居民搬迁，景区古建筑修复［包含美人胡同特色餐饮街区、商丘古城南门至东门一公里旅游线路（B-15/C-14地块）］，改扩建古城、陈家大院等30个子项目工程及配套基础工程建设。目前，该项目达到合格标准，并交付使用。

大冶市法治主题公园建设项目

大冶市法治公园创新法制宣传鉴引，为深入开展"七五"普法法治文化阵地建设，该项目投资400余万元由公司承建，施工内容包括：公园内景观、雕塑、泥塑、灯光音响、铺装、绿化等施工内容，打造指尖上的普法宣传新模式，实现人民调解与行政调解、司法调解的有效衔接，让广大市民知法懂法，进而化解了大量矛盾纠纷、维护了社会和谐稳定。

襄阳市鱼梁洲路桥连通工程[子项：绿洲大道连接线工程（一期）匝道接线工程、主线工程]施工

施工范围：主线工程5.29千米+匝道工程分A、B、C、D四条匝道共1.383.1千米,主线断面宽度1.5米土路肩+7.25米混凝土路面+1.5米土路肩，AB匝道横断面13.0米、C、D匝道横断面9.5米。主要工程量：混凝土路面38352.5平方米，沥青混凝土路面16800平方米，人行道2693平方米，模块墙794.84平方米，搅拌桩37977.82平方米，污水横穿管1096米，雨水管250米,防撞墙护栏1590米，机分分离护栏1060米，人行道护栏960米等。

金乡县金河社区（B区、C区）建设项目配套工程

本工程规划用地16793.1平方米，施工图纸及清单涉及的全部施工内容。2020年1月被中国建设工程协会授予"全国优质工程金杯奖"称号。

枫林高铁站前广场及配套设施工程

施工范围：广场10236.75平方米，健身区227.56平方米、停车场8400.54平方米、商业590.5平方米、绿化2716.18平方米、服务用房306平方米、配套工程，拟建社会停车位75个，出租车车位22个，公汽停车位11个。2020年9月公司承建的枫林高铁站前广场及配套设施工程被黄石市市政园林协会授予"2019年度黄石市市政示范工程金奖"称号。

阳新县莲花湖风景区景观工程（一标段）

施工范围：绿化、景观、游廊、铺装、亭子等施工图纸及清单包含的全部施工内容。2020年1月公司承建的阳新县莲花湖风景区景观工程第一标段被黄石市市政园林协会授予"2020年度黄石市园林绿化优质工程（银奖）"称号。

公司简介
Company Profile

　　湖北中柱古建园林有限公司成立于2002年2月28日，公司注册资金2008万，经济类型：一人有限责任公司（自然人独资），为园林古建筑专业承包一级资质，公司具有扎实的管理基础和技术力量及专业管理程度高，拥有绿化二级、文物二级、建筑装修装饰二级、房建三级、市政三级、劳务资质。

　　公司经营范围：凭资质证从事房屋建筑、市政工程、城市及道路照明工程、城市园林绿化工程、古建筑工程、文物保护工程、建筑装修装饰工程、体育场地设施工程承包施工，假山、雕塑、喷泉制作安装，城市绿化养护，花卉租赁，苗圃种植及销售，亮化灯具及电线电缆销售，建筑工程设计服务咨询。（涉及许可经营项目，应取得相关部门许可后方可经营）

　　公司目前有管理人员80余人，常年施工人员300余人。取得技术职称的工程师及经济管理人员63人（高工3人、中级40人、初级22人）；注册建造师和一级造价师22人（一级5人、二级15人、造价工程师3人）；绿化项目经理9人；文物项目经理及文物专业技术人员30人，施工现场专业管理人员80人，其他技术工人120人。

　　公司组织管理机构为：工程部、投标部、财务部、安检部、预算部、财务部及董事长办公室、总经理办公室；公司下面有：苗圃场、木工厂、预制构件厂、砖瓦厂、铝合金制造等8个施工队，在全国设有12个分支机构，分别在广东省、广西壮族自治区、河南省、河北省、江西省、陕西省、甘肃省、新疆维吾尔自治区等。

　　公司自成立以来，一直从事古建筑、园林绿化、文物维修、建筑装修装饰及房屋建筑、市政公用工程和雕塑、喷泉制作安装及体育场地等相关工程施工，业务范围遍及全国各省市，先后完成园林古建筑绿化项目500多个，文物保护维修80处，工程合格率达100%，优良率90%以上。

　　其中具有代表性的工程案例：环江毛南族自治县县城区房屋立面风貌改造工程——桥东路（5762万）、岳西县花果山公园设计、施工总承包（EPC）项目（4288万）、界首市文昌街改造工程（4292万）、都安县河东江滨公园建设工程EPC总承包（3022万）、大化瑶族自治县美食文化步行街工程EPC总承包（2409万）、寿县古城主街立面改造试点工程（2749万）等。

　　近期承建工程有甘肃省迭部县提升改造工程、云南赤水河流域综合治理——田坝片区人居环境提升项目工程总承包（EPC）、新疆十二师头屯河沿岸综合整治（东岸）万亩绿心建设项目——观光塔、山西同达药业有限公司智能化生产车间建设项目施工、陇西人民影剧院提升项目EPC总承包项目等。

　　近年来，公司平均每年完成产值1.5亿元，具有良好的经济效益和社会效益。我们重合同、讲信誉、重质量，直2006年起，多年被评为"重合同、守信用"企业和建筑施工"建筑业先进企业""工程优质奖""安全文明施工样板工地"。我们一贯重视安全管理，自公司成立以来，从未发生过安全事故，从未有过上级主管部门的不良记录。

　　公司始终秉承"以质量求生存，以信誉求发展，以管理求效益"的经营宗旨，在施工管理过程中严格执行"以人为本，质量兴业"的方针。

企业资质

Enterprise Qualification

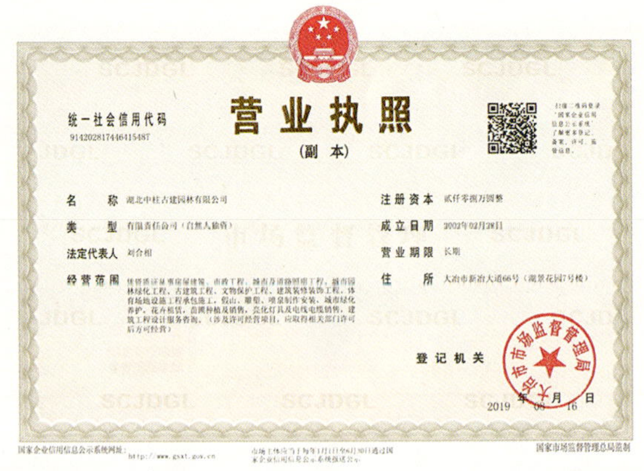

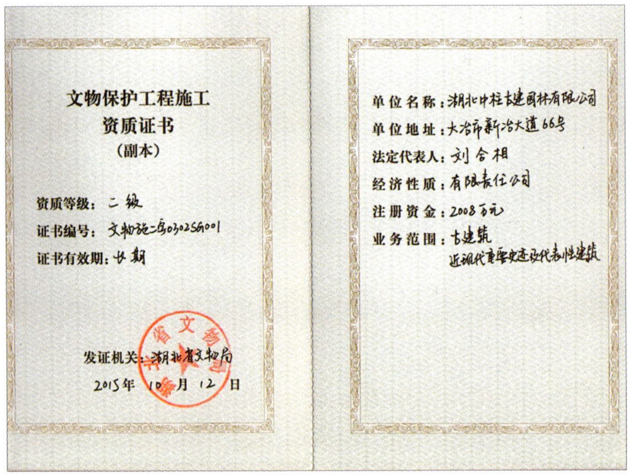

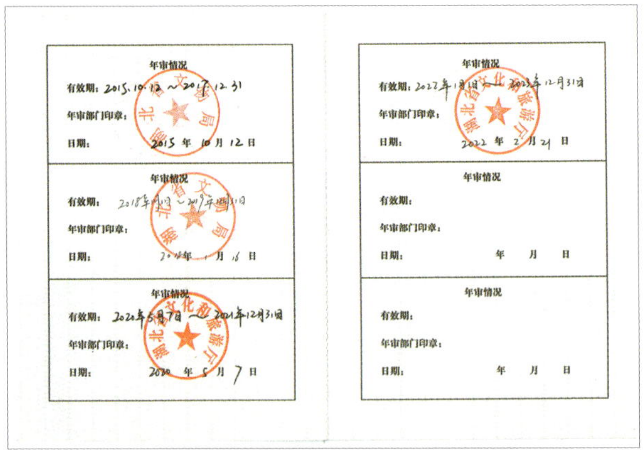

企业荣誉

Corporate Honor

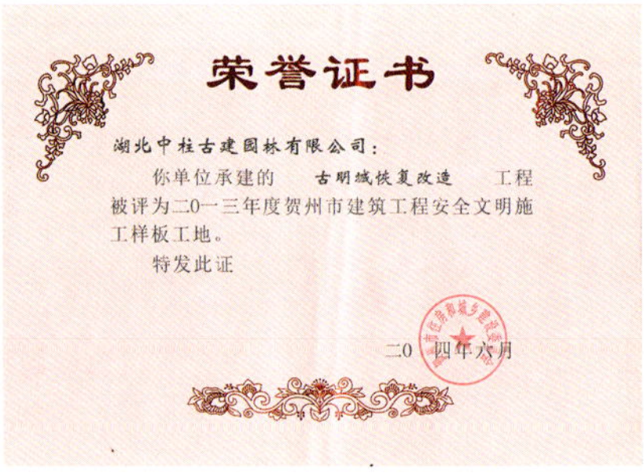

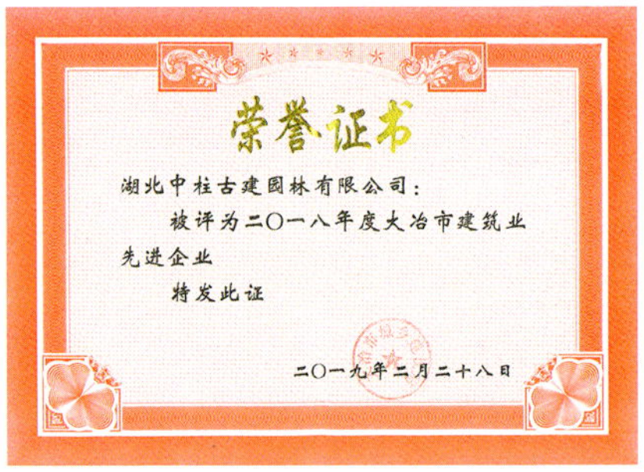

HUBEI DAYE CITY CONSTRUCTION ENTERPRISE

面貌提升改造工程

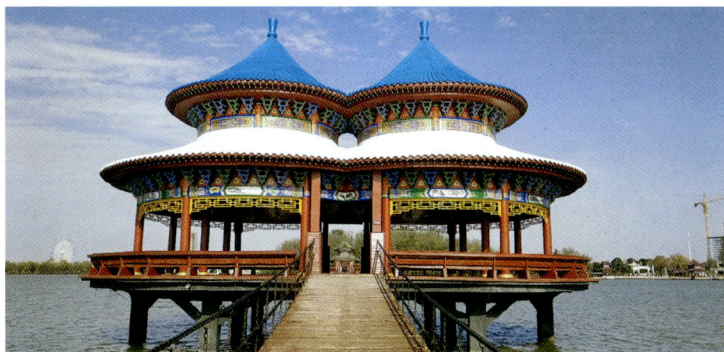

园林古建筑工程

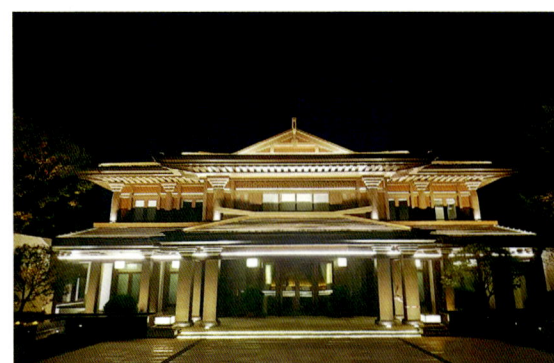

省级文物保护工程

湖北红枫叶古建集团有限公司
Hubei Hongfengye Ancient Construction Group Co. , Ltd.

红枫叶集团
RED MAPLE LEAF GROUP

公司简介
Company Profile

团结一致　共创飞越
卓越的领导人　企业成功的保证

承古融今　造境营心——红枫叶品牌之旅

改革潮涌，干事创业者胜。

20世纪80年代，出生于古建之乡大冶的石胜干因家贫辍学加入打工大军。无论是在大雪纷飞的北国，还是在烈日炎炎的南疆，他始终难忘家乡的红枫叶。因为母亲曾告诉他，红枫叶不畏风霜，才火红美丽。母亲朴实的话语点亮心灯照亮前程，使他在人生的征途上不忘初心，励精图强，敢于担当，负重前行。2006年，历尽艰辛、勇于拼搏的石胜干破茧成蝶凤凰涅槃，成立了红枫叶园林景观公司。"红枫叶"热烈坚毅，既象征了人生的积淀、情感的永恒，还喻示了鸿运当头，福至绵长，与中国传统的古建精髓契合相通。

多年栉风沐雨，数载深根厚植，"红枫叶"扬帆起航、乘风破浪、不断超越、勇往直前，已发展为具有建筑总承包、市政总承包、文物保护、古建筑等11项资质的集团公司，下设配套园林景观工程的种养植公司、农业科技公司；古建文物配套工程的木作、石作、砖作公司和省内外多家分公司，是湖北"十大建筑名片"之一、中国古建行业的品牌企业，业绩遍布大江南北、长城内外，先后完成六百多项优质工程，成为湖北乃至全国古建园林行业一颗耀眼的新星。

立足新时代，把握新机遇，红枫叶园林景观公司始终以"和谐创新、科学管理、优质高效、筑造精品"为理念，与善牵手，与美同行，笃行致远，砥砺前行，共创辉煌的明天！

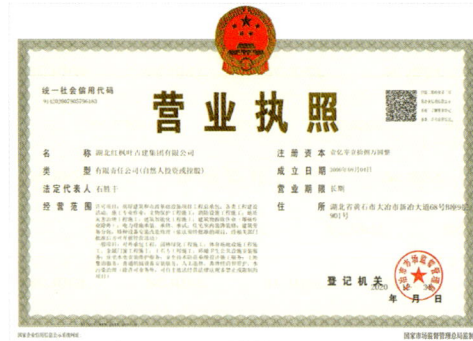

古建筑工程专业承包
文物保护工程施工
城市园林绿化
建筑装饰装修工程专业承包
防水防腐保温工程专业承包
建筑幕墙工程专业承包
建筑工程施工总承包
土石方工程专业承包
钢结构工程专业承包
地基基础工程专业承包
环保工程专业承包
体育场地设施工程专业承包
施工劳务资质不分等级

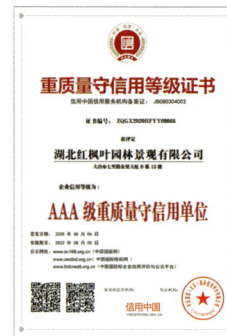

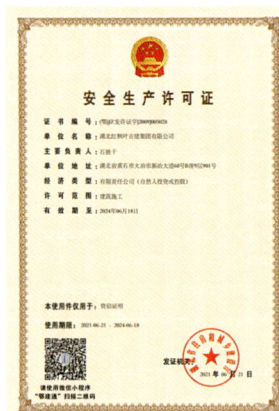

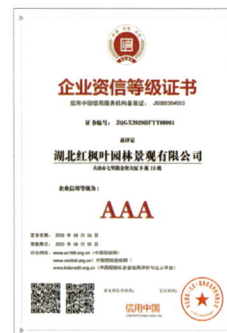

古建筑

蕲春文昌天下楼

蕲春文昌天下楼位于蕲春县城东南，蕲春大道与京九线交叉口西侧，东北角便是李时珍医药集团所在地，该工程位于雷溪河休闲风光带区域，工程占地面积358平方米，建筑面积1867.5平方米，建筑为地上五层，地下两层的框架结构，总高度为30.56米，四周景观绿化工程约2800平方米，工程中标价为1580万元，由于扩大了建筑面积，增加了地下室工程，结算价为2800万元。工程于2017年7月动工，现已全部完工并验收合格。

蕲春县文昌天下楼是蕲春县雷溪河改造一期工程的特色景观之一，也是蕲春县的又一标志性建筑，整个建筑具有独特的民族风格，散发出中国传统文化的精神、气质、神韵，文昌天下楼的建成体现新时代的蕲春继承传统，开拓未来的精神。

位于蕲春县雷溪河廊桥工程

紫金山公园大门

李时珍文化旅游区

李时珍文化旅游区是以蕲州镇、赤龙湖为核心，完成起步区控详规，启动迎宾大道、游客中心、养生文化小镇项目启动迎宾大道、游客中心、养生文化小镇项目。

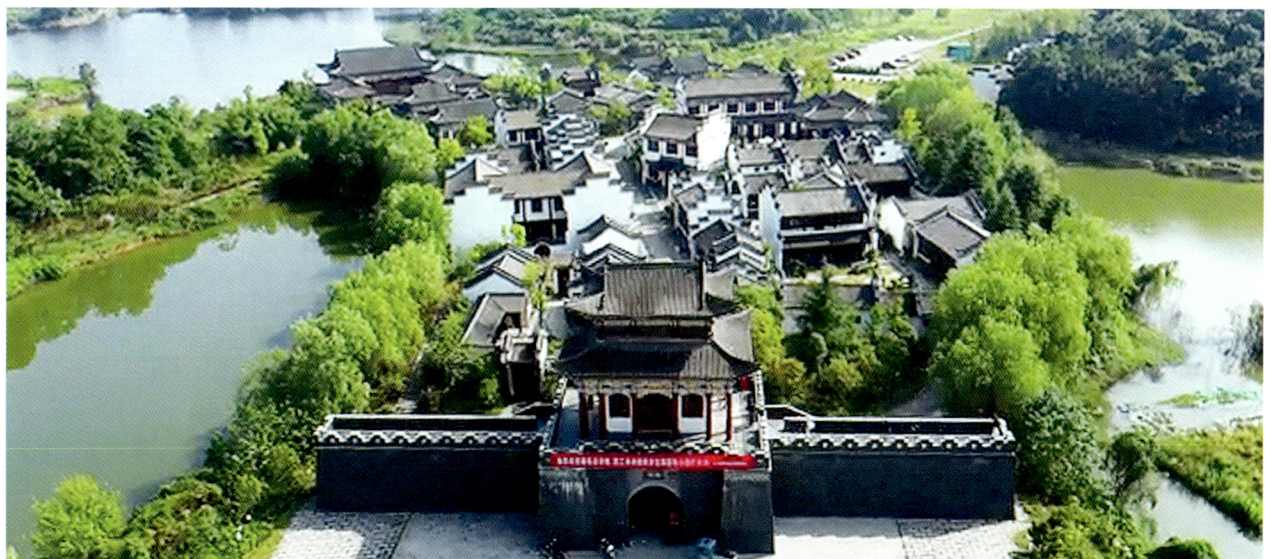

市政园林

黄金山国家级开发区石林广场

黄金山国家级开发区石林广场位于湖北省黄石市金山大道及圣明路交叉口的市政广场绿地，占地面积为49637平方米，基地现状为自然山体和天然石林，最大高差达到10米。项目旨在为市民提供一处可观可游可赏的休闲绿地及城市广场空间，同时作为城市功能空间的完善和衔接。

中马友谊园

为纪念中国与马来西亚建交40周年，推动两国人民友好往来，马来西亚布城市政府、马来西亚中国友好协会、东莞市人民对外友好协会于2014年联合兴建中马友谊园，公园位于马来西亚布城，西侧紧邻太子湖，东城紧邻行政中心轴线，占地面积约2400平方米。

磁湖风景区

黄石市磁湖，位于湖北省黄石市市区，是一座美丽的城中湖，当地人又称张家湖、南湖；相传古时候湖中有大量的磁石，由此得名。磁湖的水域面积约10平方公里，汇水面积62.8平方公里，平均水深1.75米。1997年，磁湖风景区经省政府批准定为省级风景名胜区，磁湖风景区青山环抱，湖岸线曲折，总长为38.5公里，整个景区秀丽清新。

黄石市磁湖北岸景观绿化工程于2009年2月15日开工，2009年6月30日竣工，总投资1.7亿余万元。该工程结合乡土文化、地域特点和四季更替等因素进行造景，在绿化主线上通过"乔、灌、花、草"种植，尽现植物的自然之美和生态之美。在四季造景上，将分别对应于春、夏、秋、冬四季更替，配置建成"绿竹林""荷花池""红叶林"和"烟雨林"，通过植物自身的声、光、色、形展示园区的特有景观。

美丽的磁湖镶嵌在黄石市区，承载着黄石的文明和历史。其地处城市心脏地带，与长江、黄荆山组成的自然景观同城市建筑群和谐地交织融合成一体，形成山水相连、江湖互映的生态体系，是长江南岸上的一颗明珠。黄石市磁湖北岸景观绿化工程的竣工，让磁湖更加绚丽多姿，美不胜收。

文物保护工程

宣恩县侗族鼓楼及配套景观亭

宣恩县侗族鼓楼及配套景观亭工程地处珠山镇莲花坝，建筑规模为侗族鼓楼一座、民族风格八角亭两座及民族风格六角亭两座。该项目由湖北红枫叶园林景观有限公司承建，于2014年8月25日开工，2014年10月25日完工并交付使用。

鼓楼是侗族重要的传统建筑，也是该民族文化宝库中的一颗璀璨明珠。历史上，鼓楼是群众聚会、议事、休息和娱乐的场所。鼓楼模仿杉树形状建造，在侗寨中属中高层建筑，因为楼上置鼓得名。鼓楼的主体建筑全是木质结构，不用一钉一铆，柱子、排枋、穿枋等，全是通过栓、榫来连接，牢固而又严谨，在造型装饰上也是独树一帜，鼓楼顶层是伞形，楼座是宫殿式圆柱形。整个楼体结构精巧，造型美观，典雅端庄，气势雄伟，是侗族建筑艺术的精华！

宣恩县侗族鼓楼采用木质的四柱贯顶、多柱支架八角密檐塔式建筑结构，并在杉树原型的基础上糅合汉族密檐多层佛塔的造型，形成下大上小的楼塔形，高密度重檐叠加的楼体塔身，宣恩县侗族鼓楼是湖北建筑规模最大的侗族鼓楼。该工程与土家民族风雨桥、苗族钟楼一道，成为宣恩县土家族、苗族、侗族三大主体民族的标志性建筑群。

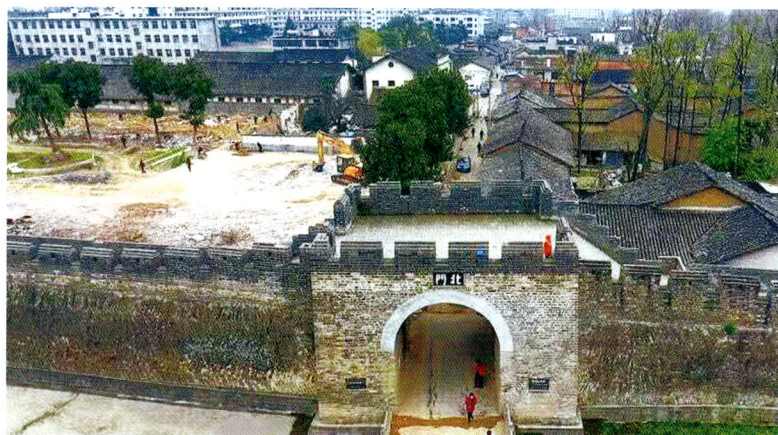

上津古镇

上津古镇位于湖北省十堰市郧西县城西北70公里的上津镇，现存的上津古城始建于明洪武元年，正德年间修复至明嘉靖三年告成，清顺治七年再次全面修复，故为清代城址，因其地处鄂西北边陲，游人罕至，常年默默无闻于深山，令人感到陌生，但也正是这份陌生让其残留着当年的风韵，时至今日，你依稀能感受到当年古镇的恢宏场景。

进入古城，从北门登上城楼，俯瞰整个上津古城，它并不大，城呈足靴形，内设九条街，意为"立足于长治久安"，整个周长约1500米，面积约8万平方米，慢慢悠悠走完一圈只要十来分钟，这里区别于"关外"，显得格外安静，城内大大小小百余住户，多为祖上保留下来的老宅，古色古香。

但经过岁月的洗礼，上津镇很多房屋出现老化，面临坍塌的危险，湖北红枫叶古建集团有限公司受到郧西县上津镇人民政府的委托，开展对上津镇房屋改造工程设计、施工EPC项目的施工。本项目斥资6千万元，项目于2018年6月28日开工，项目完工后，受到郧西县上津镇人民政府的一致好评。

全国重点文物保护单位骆驼城及墓群遗址

湖北三木园林景观有限公司
HUBEI SANMU LANDSCAPE CO., LTD.

公司简介
Company Profile

构筑经典园林　弘扬民族文化
拓展幸福空间　建设绿色家园

　　招之即来，来之能战，战之能胜。湖北三木园林景观有限公司作为中国传统建筑文化产业链，稳健发展、资历深厚，集规划，设计，施工及运营为一体的综合型企业。旅游基础设施开发与建设，各类综合体开发管理经营服务，为旅游、农业、文化产业等项目提供可研策划、规划设计、施工、运营管理服务，深入研发建筑产品和材料工艺，致力于标杆建筑项目，具有多种合作模式。

　　公司成立于2012年，坐落在世界青铜文化发源地、中国园林古建之乡湖北省大冶市，公司注册资金13900万元，公司资质齐全，拥有古建筑一级、文物保护二级、消防设施二级、电子与智能化二级、建筑幕墙二级、装饰装修二级、防水防腐保温二级、钢结构二级、环保工程二级、城市及道路照明三级、特种工程（仅限结构补强、建筑物纠偏和平移、特种防雷）专业承包不分等级、建筑工程施工总包、市政公用施工总包、机电施工总包、电力工程总包、建筑机电安装工程专业承包、规划设计及文物保护勘察设计等二十余项资质，现有技工、工程师、建造师近千余人，各类机械设备齐全，公司凭着良好的信誉，过硬的技术力量，科学严谨的管理，四海为家，转战南北，成就了多项荣耀。

　　公司近年来与中国建筑一局、三局、七局、八局、中核华兴、陕建、陕旅等多家国企单位深度合作，业绩遍布全国省市县区，如咸宁市茶文化博物馆、太平天国古战场遗址公园、延安市圣地河文化旅游产业园区钟鼓楼及西街工程、竹溪县楠木寨游客中心、温州市城中村改造历史古建筑迁移、竹溪县徐家大院迁移、黄冈市汉川门文物保护、西安市鄠邑区渼陂湖云溪塔和渼陂书院及春汉苑、咸丰县黄金洞乡旅游扶贫工程、濮阳县明阀馆建设工程、长庆油田银川市燕鸽湖基地景观工程、三湖农场宗炳广场建设工程、竹溪县桃花岛夯土小镇武陵居景观工程设计施工一体化、社旗县古城墙恢复项目、福州梁厝特色历史文化街区保护修复工程梁氏宗祠等11处文物保护、文物点保护修缮工程（施工）等，多次获得建设单位及相关主管部门的高度好评。

　　我们遵循"科学、和谐、厚德、思进"的企业精神，本着高起点、严要求、科学管理的原则，精心设计，严格施工，以质量谋发展，以信誉占市场，树立三木园林品牌。我们信守"用户至上，质量第一"的宗旨，追求卓越品质，打造一流企业。近年来，公司为进一步开放市场，在设计及施工作品创新上不断优化，从纵向的时间沉淀走入了横向的战略布局，为广大客户提供更好的服务、更优秀的作品，共同致力于推动绿色幸福家园和生态文明建设更健康、更持续的发展。

企业资质

Enterprise Qualification

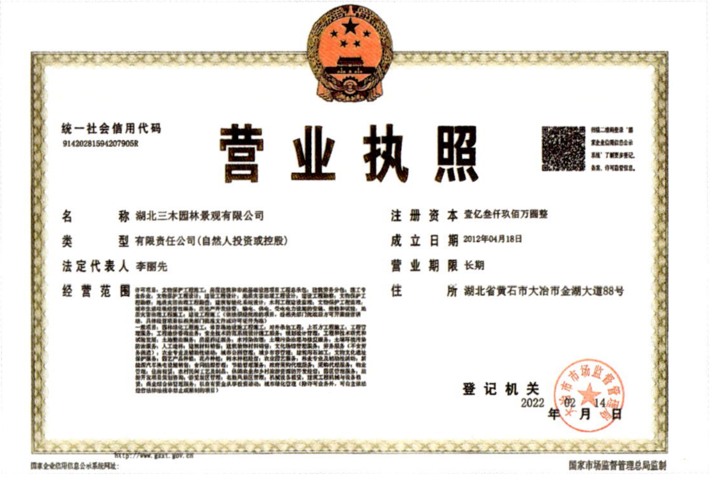

营业执照

统一社会信用代码 914202815942079O5R

名 称 湖北三木园林景观有限公司

类 型 有限责任公司（自然人投资或控股）

法定代表人 李丽先

经营范围

注册资本 壹亿叁仟玖佰万圆整

成立日期 2012年04月18日

营业期限 长期

住 所 湖北省黄石市大冶市金湖大道88号

登记机关

2022 年 02 月 14 日

国家市场监督管理总局监制

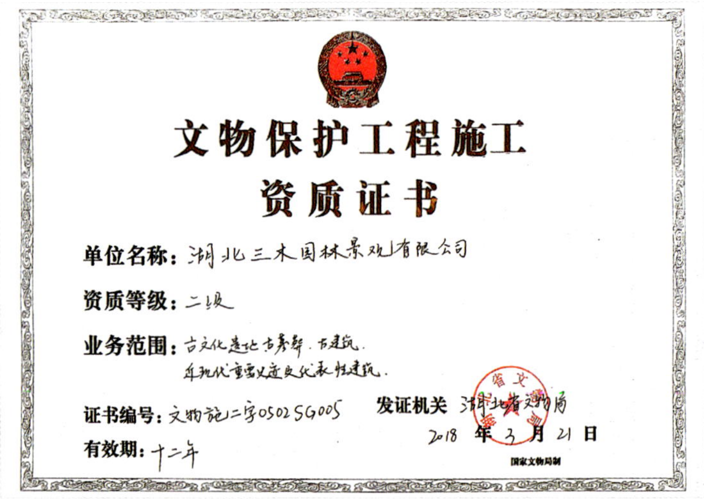

文物保护工程施工资质证书

单位名称：湖北三木园林景观有限公司

资质等级：二级

业务范围：古文化遗址古墓葬、古建筑、近现代重要史迹及代表性建筑。

证书编号：文物施二字0502SG005

发证机关 湖北省文物局

2018 年 3 月 21 日

有效期：十二年

国家文物局制

建筑业企业资质证书

建筑业企业资质证书

企业荣誉

Corporate Honor

荣誉证书

湖北三木园林景观有限公司：

被公示为2015-2016年度黄石市守合同重信用企业。

特发此证。

二〇一七年九月

荣誉证书

HONORARY CREDENTIAL

湖北三木园林景观有限公司：

公示为2018-2019年度黄石市"守合同重信用企业"。

二〇二〇年八月

荣誉证书

№: 15-1049

湖北三木园林景观有限公司：

被认定为第十五届（2018-2019年度）湖北省守合同重信用企业。

特发此证。

湖北省市场监督管理局

二〇二〇年十月

荣誉证书

No: AQ009-2019

湖北三木园林景观有限公司：

你单位承建的社旗县古城防洪墙（迎旭门南43.5米—石门）古城墙恢复项目二标段工程被评为2019年上半年度南阳市市政工程安全文明工地，施工项目经理：周建华。

特发此证

南阳市市政建设协会

二〇一九年七月

2020年度建筑业

先进单位

大冶市住房和城乡建设局

二〇二一年五月

湖北三木园林景观有限公司

大冶市2018-2020年度

A级纳税人

国家税务总局大冶市税务局

二〇二一年五月

由湖北三木园林景观有限公司设计、施工的宁夏银川盈南生态庄园占地面积1200余亩，它以三个岛、两个区和一个中心为主体，即休闲垂钓岛、休闲狩猎岛、沙漠休闲岛和经果林观光区、鲜花培育区以及一个大的商务培训综合大楼中心，此生态园以游览田园湖水风光、观赏生态种养、品尝农家饭菜、体验农家之乐为特色，是集观光、娱乐、餐饮、种养、会务、度假为一体的观光度假场所，是目前宁夏地区较大的综合文化旅游项目。

咸宁永安阁景区—茶文化博物馆

咸宁永安阁景区项目总占地367.8亩，总投资约3.67亿元，包含永安阁主体工程、茶文化博物馆和三元书院土建、装修、配套设施、沿河道路工程、广场绿化及配套设施工程、龙潭庙等景点及附属配套工程。

茶文化博物馆景区包括主馆、主馆附属、东园和西园。由三木园林公司施工的主馆是三层（内五层）的仿宋式建筑，翘檐飞脊，气度非凡。登临主馆，近可观淦河碧流，夹岸烟柳，蔚为壮观；远可眺潜山叠翠，香城锦绣，气象万千。茶文化博物馆主馆外有50个单体木亭，亭阁错落排连，回廊曲径相连，玲珑精致，各具情趣。亭子四周假山巧缀，花木扶疏，给人一种"虽由人做，宛自天开"的感觉。

永安阁景区项目自2016年正式开工建设以来，深受市委、市政府领导的关心与支持，已建完工的永安阁高四层（实际九层，即四个明层，五个暗层），净高45.15米，坐落在12米的台基上，总高57.7米，永安阁的高度、体量与江南三大名楼中的南昌滕王阁接近。永安阁坐落在岛上，通过一座五亭桥与十六潭路相连，附近建有驳岸，可谓既得水美，又拒水患，四周曲栏围绕，四面长堤回环，风情无限。此项目碧瓦朱甍、亭台楼阁，它的建设是咸宁市一张靓目名片，具有深远的文化意义。

宋城塔

西安千古情景区位于西安市浐灞生态区核心区域，宋城塔则位于园区中心地带，由湖北三木园林景观有限公司承建，建筑设计参考《宋营造法式》《中国古建筑木作营造技术》等经典古建文献资料，设计为四角五层宋式仿木楼阁塔，塔体通高33.695米，占地面积121平方米，总建筑面积385.24平方米。塔内空间吸取宋代典型的壁内折上式结构，塔梯、楼层和外壁浑然一体，坚固持久，饶具匠心，明显区别于后世明清塔式楼阁。塔楼一层设置腰檐，即有效拔高了底层塔身，又巧妙地增加了造型层次，丰富了整体轮廓。沿九级青石拾阶而上，但见户牖横陈，粉壁朱棋，斗棋宏大，檐角开张，红白之间结构清晰，色彩鲜明，纵横之间体态轻灵，秀逸端庄。远观宋城塔，高贵中兼具庄严，稳重中不乏轻灵，动静平衡，和谐优美既具古典情韵，又展时代新风，已经成为整个千古情景区的标志性景观，和浐灞之滨的又一张靓丽名片。

云溪塔位于云溪精舍以北的杜公堤高地上，是西北首例使用混凝土核心筒外饰青砖工艺建造的密檐式唐塔。建筑总面积为112.36平方米，塔分9层，高21米。为和整个景区的文化建筑保持一致，云溪塔以简约唐风展现其现代感。塔身主体为砖砌，方形密檐，并简化了斗棋和檐口处理。

汉陂湖景区聘请专业传统非物质文化遗产古建工匠对云溪塔进行修建。在建造云溪塔时采用丝缝墙、密缝式砌筑工艺，通过做旧处理等一系列手段，将文化传承、技术积累运用其间。在周油松的辉映中，云溪塔与精舍呼应形成周围区域的标志性建筑和视觉焦点，是景区的重要节点工程和特色景点。

圣地河谷·金延安钟鼓楼

圣地河谷·金延安钟鼓楼曾是三十年代延安城内最高的建筑，见证了中央红军到达延安的峥嵘历史，但随着战争的破坏，老钟鼓楼化为残垣。在详细参考史料后，湖北三木公司重塑了金延安钟鼓楼。钟鼓楼、西街总建筑面积14.3万m²，结构形式均为混凝土框架结构且结构使用年限为50年。该项目从2014年7月21日开工至2016年12月23日竣工。随后项目运营一年整，期间使用过程中一切运行正常。这些项目曾先后获得省级文明工地、省级结构示范、优质主体荣誉。黄土背景、青色立面、红色精神、延安记忆，金延安钟鼓楼、西街以讲好红色故事为核心，传承延安精神为己任，演绎黄土民俗文化为主题，重现了三十年代的老延安院落街区一千多年前的北宋延州城历史风貌，将成为中国红色旅游制高点和延安城市新名片。

宗炳广场方案鸟瞰图

荆州市三湖宗炳文化广场

湖北省国营三湖农场原为湖北省农垦事业管理局管理下国有农场，位于江汉平原四湖地区，宗炳文化广场则位于三湖农场中央区域。宗炳（375年～443年）南朝宋画家。字少文，南涅阳（今河南镇平）人，家居江陵（今属湖北）。宗炳撰山水画论者，虽篇幅不长，但在我国绘书理论史上占有重要地位。《画山水序》更作为我国山水书论的开端，对后来的书论产生了重要影响，并在中国历史上具有普遍的美学意义。宗炳文化广场根据人们的活动需求，把它分成三大区域，分别为中心活动区、主体文化雕塑区、书海观赏区。每个区域围绕以宗炳文化为主旨的前提下设计施工，广场中央的六根图腾文化柱（每根柱子上分别书写"宗炳"的生平事迹和主要历史贡献）、舞台背景的画山水浮雕墙等，既有深厚的"宗炳"文化内涵，又与整个广场的几何构图相呼应，使得广场整体视野开阔，气势庞大。成为荆州市的重要文化名片。

"生生不息"诠释

"圣地河谷"文化旅游园区，"金延安"城市板块是现代与历史、城市与文化的统一体。大地艺术作品"生生不息"，体现了黄土地上的生命张力，是悠久历史和现代艺术辉映的奇观。在陕旅集团总策划者的胆魄和畅想驱动下。"生生不息"的创作团队将山体肌理的大地艺术融入整个圣地河谷文化体系，构成现代艺术与古老文明的对话，丰富扩展的文化视域。"金延安"用现代建筑语言、现代工具寻找历史文脉。"生生不息"大地艺术作品体现了历史文化基因与现代艺术、现代意识的对话。鱼图腾、抓髻娃娃、剪花女子和甲骨文字为创作元素的作品以生命意识为主题。饱含陕北历史人文巨大的信息量，现代表现手法极具艺术张力。彰显了现代城市文化的包容、多元、时代性。"生生不息"大地艺术作品是"金延安"构建整个文化系统的重要组成部分。是与物质载体、城市建筑相辅相成的不可或缺的一部分，反映出一个城市的文化追求和理想精神，其蕴含的文化底蕴、人文特质是这座城市独有的。"生生不息"是陕北高原上的生命奇迹、黄土地上的生命景观；"金延安"这座城池与"生生不息"山体艺术作品，在文化价值和艺术影响上是等量齐观的；城市会衰旧更新，这片土地的文化生命将永远"生生不息"。

陕西镇坪县旅游集散中心

镇坪县，隶属陕西省东南部安康市，大巴山北麓。镇坪县是电子商务进农村综合示范县、国家卫生县城、革命文物保护利用片区分县、陕西省森林旅游示范县。

镇坪县旅游集散中心是陕西省文化和旅游局为方便广大游客到该地旅游而设立的服务平台。旅游集散中心由文化和旅游局负责具体指导，整合散客旅游资源和规范散客旅游市场以及满足市民个性化旅游需求和促进自助游消费市场培育的重要综合性平台。该旅游集散中心项目占地面积极大，布局合理，活动空间宽阔，在很大程度上缓解了镇坪县各旅游景区的交通压力，为整个镇坪县旅游景区的配套服务补上了短板，树立了形象，为将镇坪县打造5A级景区做好基础，为当地旅游市场档次的提升添砖加瓦。

濮阳明阁馆

深厚的历史底蕴是滋养一座城市的文化土壤。明阁馆坐落于濮阳县八都坊街老牌坊西侧，该项目总投资一千多万元，建筑基底面积1285平方米，总建筑面积约2800平方米。本建筑为高层展厅建筑，建筑高度30米，是濮阳县打造的重点景区项目。明阁馆景区建设打造的是百年工程，对每一个项目规划，都充分征求各级领导、专家学者、文物保护单位的意见，力求精益求精，经得起历史检验。从外观看，飞檐翘角、雕梁画栋的明阁馆气象恢宏，古典气息浓厚，很容易让人联想到我国著名古典建筑——黄鹤楼。明阁馆与濮阳县名牌坊八都坊一样，是为纪念明代濮阳籍都御史、大理石少卿、尚书等八位官员而建设的。濮阳县内部工程建设体现了龙文化、宋元明清文化、红色文化等，这些文化元素交相辉映、璀璨夺目，将其融入城市空间，为濮阳县坚定文化自信提供了强大的底气和深厚的根基，成为濮阳这座城市建设发展中的特殊符号，让濮阳更具人文魅力。

公司简介
Company Profile

东风舒画卷，楚韵欣传九万里；

古色出新裁，龙楼建就五千年。

东楚古建：纳九千之瑞气，聚无色之祥云；继古今之风范，取中外之精粹；溯炎黄之根脉，呈日月之光华。

东楚古建创建于"中国古建之乡——湖北大冶"，历经多年的潜心耕耘与奋力追赶，目前已发展为集古建筑营建、园林建设、生态绿化、文物设计修缮等为一体的全国性园林古建筑施工企业，在北京、上海、深圳、南昌、呼和浩特等城市设立有十余个分支机构，业务遍布百余县市。拥有职员 500 余人，其中中级、高级专业人才近百人，中级、高级技工匠师近 200 人。

东楚古建拥有古建筑一级、装修装饰一级、文物修缮施工二级、文物保护设计、钢结构施工、地质灾害治理等资质，多次荣获"先进企业"等荣誉称号。为客户提供从规划设计到施工营建的全过程、全方位的专业工程服务，始终坚持工程质量与艺术内涵并行，技术创新与文化传承并重，依托"中国古建之乡——湖北大冶"的产业聚集优势，立足荆楚大冶耕耘华夏大地，积极进取开拓创新。

工程业绩遍布全国各地大江南北，广受客户、业主好评，多次斩获嘉奖；无论是在辽阔宽广的北疆西域，还是在秀美如画的江南水乡，处处可见东楚人用辛勤汗水浇铸的一座座经典杰作。

未来，东楚古建将持续践行"厚德精业、创领未来"的责任与使命，愿与天下志士一同携手，为建设"美丽中国、魅力家园"做出东楚人的独特贡献！

建 筑 业 企 业 资 质 证 书

企 业 名 称：湖北东楚园林古建有限公司
详 细 地 址：大冶市城北开发区七里界路11号
统一社会信用代码：91420281060683 8270　法定代表人：黄国辉
注 册 资 本：5000万元　经 济 性 质：有限责任公司（自然人独资）
证 书 编 号：D242002576　有 效 期 至：2022年06月30日
资质类别及等级：建筑装修装饰工程专业承包壹级
防水防腐保温工程专业承包贰级
特种工程（结构补强）专业承包不分等级
古建筑工程专业承包壹级
建筑幕墙工程专业承包贰级

本使用件仅用于：政府招投标
使用期限：2021-12-01至2022-06-30

发证机关 2019年7月12日

请使用微信小程序
"鄂建通"扫描二维码

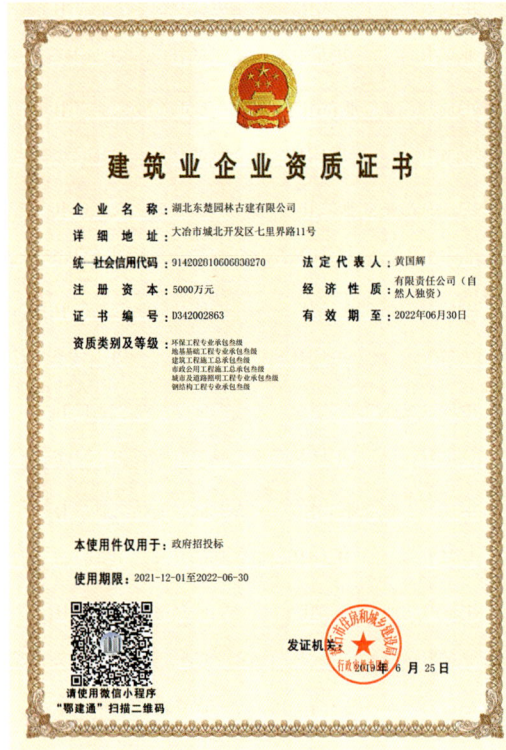

建 筑 业 企 业 资 质 证 书

企 业 名 称：湖北东楚园林古建有限公司
详 细 地 址：大冶市城北开发区七里界路11号
统一社会信用代码：91420201060603 0270　法定代表人：黄国辉
注 册 资 本：5000万元　经 济 性 质：有限责任公司（自然人独资）
证 书 编 号：D342002863　有 效 期 至：2022年06月30日
资质类别及等级：环保工程专业承包叁级
地基基础工程专业承包叁级
建筑工程施工总承包叁级
市政公用工程施工总承包叁级
城市及道路照明工程专业承包叁级
钢结构工程专业承包叁级

本使用件仅用于：政府招投标
使用期限：2021-12-01至2022-06-30

发证机关 年6月25日

请使用微信小程序
"鄂建通"扫描二维码

古建筑工程专业承包一级
建筑装修装饰工程专业承包一级
防水防腐保温工程专业承包二级
建筑幕墙工程专业承包二级
特种工程（结构补强）专业承包不分等级
环保工程专业承包三级
地基基础工程专业承包三级
建筑工程施工总承包三级
市政公用工程施工总承包三级
城市及道路照明工程专业承包三级
钢结构工程专业承包三级
文物保护工程施工二级
文物保护工程勘察设计丙级
地质灾害防治施工丙级

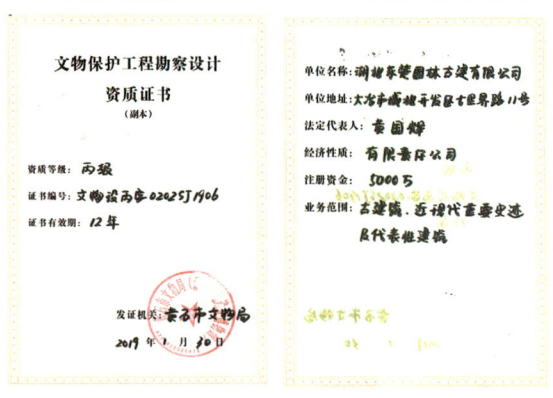

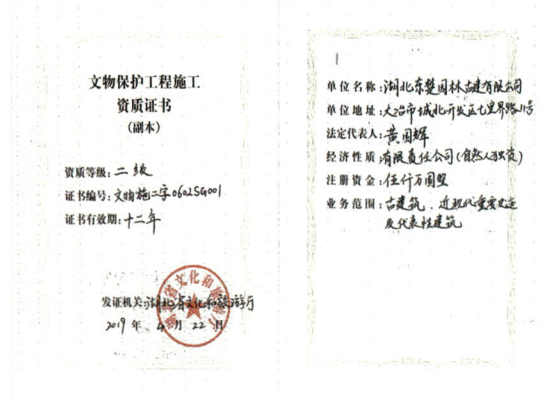

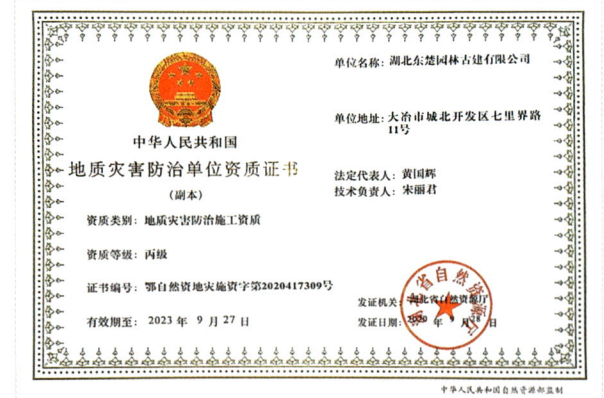

诚信示范企业

2018 年度先进企业

2019 年先进单位

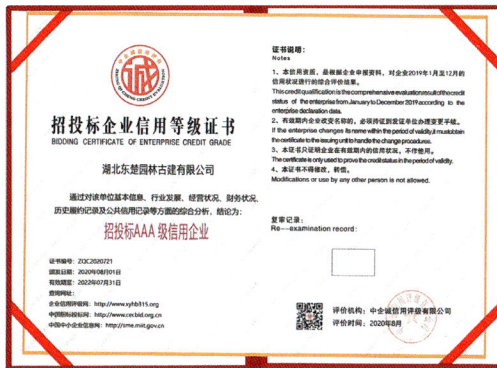

招投标 AAA 级信用企业

2019 年度优秀项目经理

2020 年度优秀项目经理

质量管理体系认证证书

环境管理体系认证证书

职业健康安全管理体系认证证书

财神殿

道长居士楼

拱星门

麻姑殿

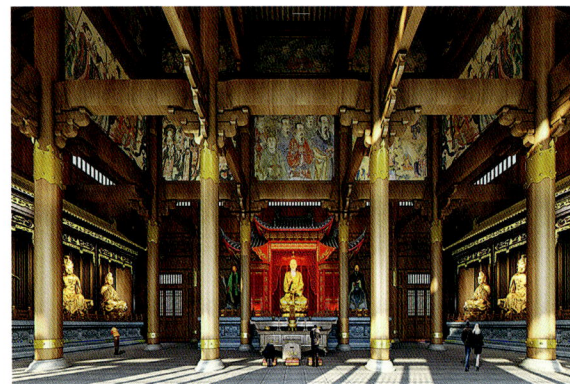

三清殿

太乙殿

南城县麻姑庙重修工程

南城县麻姑庙位于江西省南城县西部，国家AAAA级旅游景区——麻姑山景区内，因著名的道教女仙麻姑而得名。

唐开元年间（公元713～741年），道士邓紫阳修道于麻姑山，曾应玄宗诏入大同殿修功德，佐玄宗退西戎兵，深得皇上赏识。邓紫阳回山后，皇命兴建麻姑庙。开元二十七年（公元739年）落成，供奉麻姑神像，是远近闻名的道教活动场所，曾屡毁屡建。

麻姑庙重修工程项目为占地近百亩的大型仿唐古建筑群，采用围合式庭院布局，由三清殿、财神殿、麻姑殿、三官殿、斗母殿、慈航殿、王灵宫、钟楼、鼓楼、拱星门等十余栋单体古建筑组成，建筑面积近万平方米，建成于2021年底。

黄石恒大御景园林景观工程

　　黄石恒大御景，坐落于湖北省黄石市黄金山开发区，是恒大地产集团深耕湖北的又一精品力作——"新中式"园林景观示范项目，匠心独筑近70000平方米中式国风园林。2020年6月底竣工，建有中式大门——御翰门，大型人工湖——镜湖，灵璧石假山——叠金山，临水建筑——天香轩、揽月亭，山水景墙、拴马桩、月洞门、小桥流水……营造出现代、简洁而又富有诗画意境的纯静氛围，使用传统的造园手法，运用中国传统韵味的色彩、中国传统的图案符号、植物空间的营造等来打造具有独特中国韵味的园林景观空间。

湖北万类园林古建有限公司

HUBEI MILLION CLASS ANCIENT GARDEN CO.LTD.

公司简介

Company Profile

　　湖北万类园林古建有限公司创建于2007年1月，是一家集仿古建筑、园林景观工程、文物修缮、房建、市政施工、装饰装修工程为一体的专业公司。公司现具有古建筑工程专业承包一级资质、文物保护工程施工二级资质、建筑工程施工总承包二级资质、建筑装饰装修工程专业承包二级资质、市政公用工程施工总承包三级资质、环保工程专业承包三级资质、地基基础工程专业承包三级资质、城市及道路照明工程专业承包三级资质、钢结构工程专业承包三级资质。同时，公司配套有控股的专业设计公司——湖北中鲁古建园林设计有限公司，该设计公司同时具有建筑工程、风景园林、文物修缮设计乙级资质，是湖北省同行业中具有综合配套资质的古建园林企业。

　　经过10余年的发展，我们的力量不断增强，影响不断扩大，已成为业内不容忽视的主力军。现在我公司注册资本达3504万元，各类施工和检测设备齐全，公司各类人员均匹配完善，如施工人员、各类专业技术职称的管理人员、具有建筑专业技术职称的中高级管理人员、项目经理和持证上岗的各类技术工等。

　　公司在十多个省设有项目部，工程遍及大江南北。公司近年来，先后承建了全国知名企业仁和集团的863仿古工业园、江西省景德镇御窑博物馆及御窑厂遗址保护设施建设项目、宁明县城特色步行街区建设项目(EPC)、鹿寨县拉沟乡五家景区提升工程(一期)项目工程(EPC)、中国铁建·增城区中新镇集丰村地块项目桩基础工程、鹿寨县中渡—香桥游客接待中心及配套设施项目(EPC)、忻城县城关镇土司老街旧住宅区综合整治项目工程、鹿寨县"美丽柳州宜居乡村"祥荷乡韵综合示范村屯基础设施项目、毕节双山新区金海湖小流域综合治理工程等。公司产业化建设不断完善，业务不断扩展，建设质量逐年提高，深受广大建设单位的一致好评。我们将以更高的质量标准、更优质的服务来迎接新的挑战。

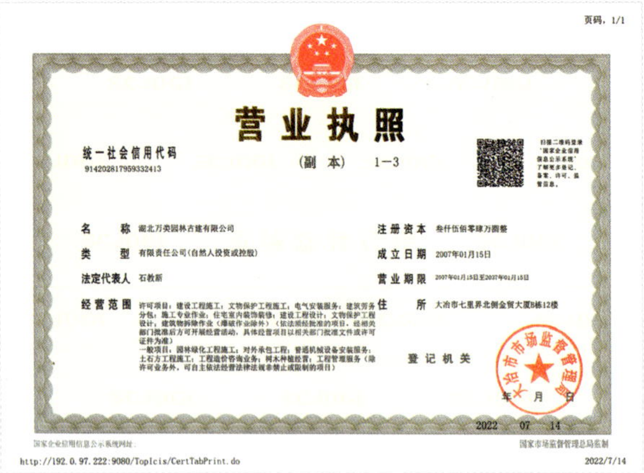
营业执照
（副本） 1-3
统一社会信用代码
91420281795933241З
名 称 湖北万类园林古建有限公司
类 型 有限责任公司(自然人投资或控股)
法定代表人 石教新
经营范围
注册资本
成立日期 2007年01月15日
营业期限
住 所 大冶市七里界北侧金贸大厦B栋12楼
登记机关
2022 07 14

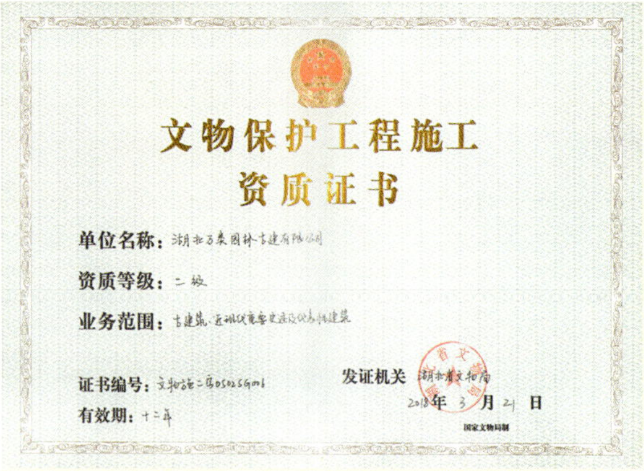
文物保护工程施工
资质证书
单位名称：
资质等级：二级
业务范围：
证书编号：
有效期：十二年
发证机关
年 月 日

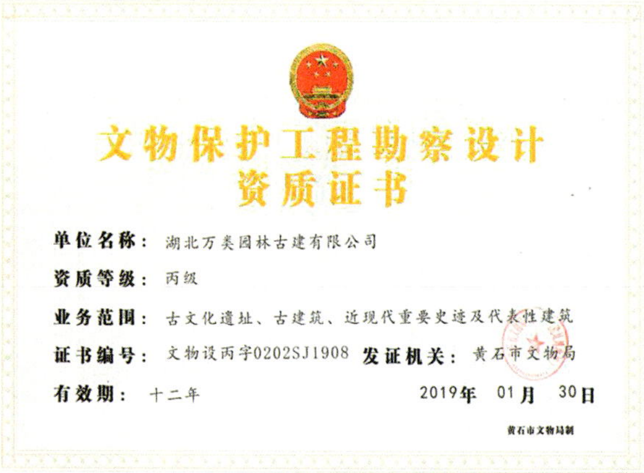
文物保护工程勘察设计
资质证书
单位名称： 湖北万类园林古建有限公司
资质等级： 丙级
业务范围： 古文化遗址、古建筑、近现代重要史迹及代表性建筑
证书编号： 文物设丙字0202SJ1908 发证机关： 黄石市文物局
有效期： 十二年 2019年 01月 30日

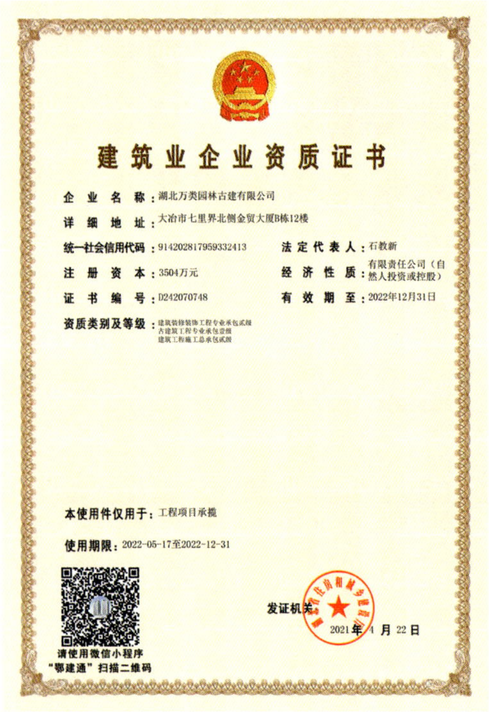
建筑业企业资质证书
企业名称：湖北万类园林古建有限公司
详细地址：大冶市七里界北侧金贸大厦B栋12楼
统一社会信用代码：914202817959332413 法定代表人：石教新
注册资本：3504万元 经济性质：有限责任公司（自然人投资或控股）
证书编号：D242070748 有效期至：2022年12月31日
资质类别及等级：
本使用件仅用于：工程项目承揽
使用期限：2022-05-17至2022-12-31
发证机关：
2021年 月 22日
请使用微信小程序
"鄂建通"扫描二维码

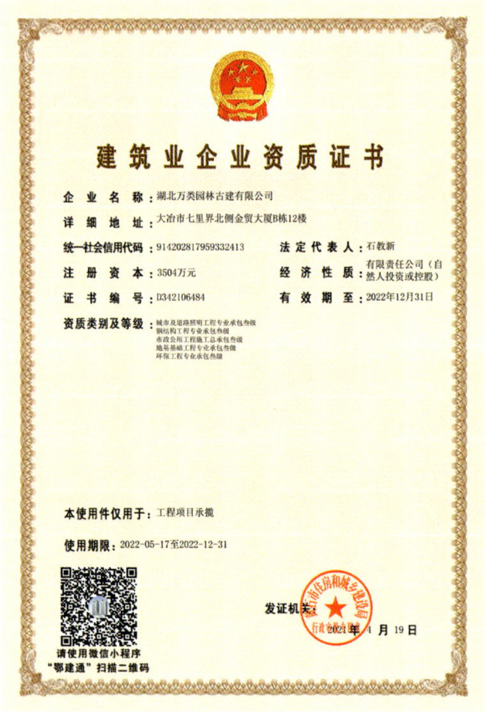
建筑业企业资质证书
企业名称：湖北万类园林古建有限公司
详细地址：大冶市七里界北侧金贸大厦B栋12楼
统一社会信用代码：914202817959332413 法定代表人：石教新
注册资本：3504万元 经济性质：有限责任公司（自然人投资或控股）
证书编号：D342106484 有效期至：2022年12月31日
资质类别及等级：
本使用件仅用于：工程项目承揽
使用期限：2022-05-17至2022-12-31
发证机关：
2021年 月 19日
请使用微信小程序
"鄂建通"扫描二维码

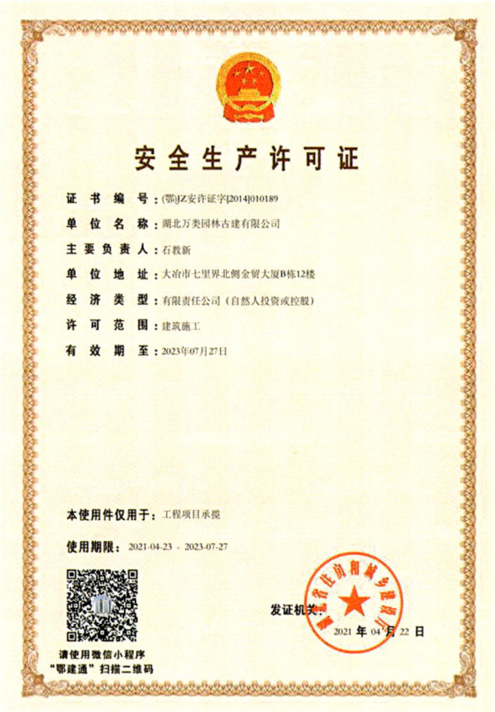
安全生产许可证
证书编号：(鄂)JZ安许证字[2014]010189
单位名称：湖北万类园林古建有限公司
主要负责人：石教新
单位地址：大冶市七里界北侧金贸大厦B栋12楼
经济类型：有限责任公司（自然人投资或控股）
许可范围：建筑施工
有效期至：2023年07月27日
本使用件仅用于：工程项目承揽
使用期限：2021-04-23 - 2023-07-27
发证机关：
2021年 04 月 22日
请使用微信小程序
"鄂建通"扫描二维码

古建筑工程专业承包一级
文物保护工程施工二级
文物保护工程勘察设计丙级
建筑工程施工总承包二级
建筑装修装饰工程专业承包二级

市政公用工程施工总承包三级
钢结构工程专业承包三级
地基基础工程专业承包三级
环保工程专业承包三级
城市及道路照明工程专业承包三级

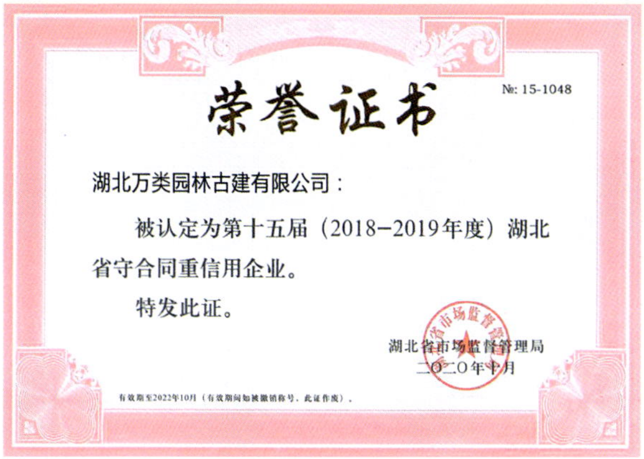

荣誉证书

No: 15-1048

湖北万类园林古建有限公司：

被认定为第十五届（2018—2019年度）湖北省守合同重信用企业。

特发此证。

湖北省市场监督管理局
二〇二〇年十月

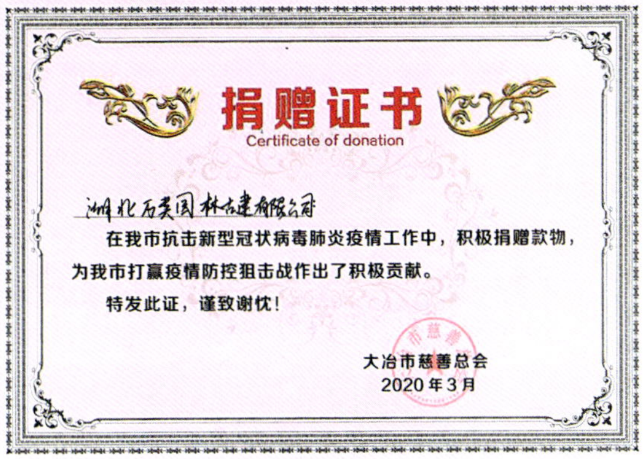

有效期至2023年10月（有效期如有调整敬请知悉，此证作废）。

捐赠证书

Certificate of donation

湖北万类园林古建有限公司

在我市抗击新型冠状病毒肺炎疫情工作中，积极捐赠款物，为我市打赢疫情防控阻击战作出了积极贡献。

特发此证，谨致谢忱！

大冶市慈善总会
2020年3月

湖北省2016-2017年度
"守合同重信用"企业公示证明

湖北万类园林古建有限公司：

获得湖北省2016-2017年度"守合同重信用"企业公示，详情见湖北省工商行政管理局网站（http://gsj.hubei.gov.cn）和《湖北日报》。

特此证明。

2018年10月

工商行政管理部门对"守合同重信用"公示企业实施动态监管，对存在失信行为的企业将及时撤销其公示资格。"守合同重信用"企业公示情况以湖北省工商行政管理局网站和《湖北日报》实时公示信息为准。

2019年度建筑业

先进单位

大冶市住房和城乡建设局
二〇二〇年七月

2020年度建筑业

先进单位

大冶市住房和城乡建设局
二〇二一年五月

企业信用评价证书

湖北万类园林古建有限公司

AAA级信用企业

仁和863科技园

项目位于江西省樟树市仁和药业集团仁和产业园,园区占地面积21.5万平方米,北临105国道,西接葛玄路。项目集规划设计、建筑方案、施工图设计及施工于一体。大门、北门、九曲桥、望月楼、"天下仁和"大牌坊、质检办公楼、综合制药车间和东南的厂房均已落成。仁和园将建设成集中制药、研发、休闲接待为一体,省内一流、国内知名的生态制药厂区和中药生态文化观光园。

景德镇湖北会馆

"湖北会馆建筑群"位于江西省景德镇市珠山区珠山街道瓷百社区彭家下弄13号,湖北会馆现存部分总占地面积902.3平方米,总建筑面积1009.2平方米,由中进、中进天井、后进及楼栈、义祭祠组成。楼栈和义祭祠位于湖北会馆北面。据文献记载,会馆的复建部分总占地面积736.6平方米,总建筑面积475平方米,由前广场、前进(戏楼)、前进天井及两廊组成。

贵州朝阳寺

贵州朝阳寺位于贵州省六盘水市盘州,寺院采用中轴对称的格局,中轴线由牌楼、四圣法界、山门、天王殿、大雄宝殿、观音殿、法堂、朝阳寺塔组成。项目总用地面积39335平方米,总建筑面积约6844平方米。项目从2019年开始施工,目前中轴线主体建筑已封顶。

临沭朱村文昌阁

　　文昌阁位于山东省临沂市临沭县，项目占地243.36平方米，总建筑面积约514.62平方米。山东素有"孔孟之乡，齐鲁风范"的美誉，诞生了许多文学家、思想家、教育家，文昌阁地势较高，登阁远眺，山川城郭尽收眼底，视野辽阔，是欣赏朱村风景的好去处，也是宣传儒家文化，"仁爱"为核心思想，培养有爱心的一代新人，是"仁爱"思想的传承和发扬的重要平台。

中国铁建·凤语潮鸣项目展示区

　　中国铁建·凤语潮鸣项目展示区位于佛山市顺德区大良新城路，占地面积60283平方米，住宅建筑面积15821平方米，景观用地面积44462平方米。中国铁建·凤语潮鸣项目由高层、别墅、景观会所组成，建筑定位为新中式轻奢美宅。

南丹县"丹"字雕塑

　　丹字雕塑位于南丹县高速出入口500米进城大道上，雕塑与城墙相结合，在原高度的基础上更彰显大气。

京山河雕塑景观工程

　　项目位于湖北省京山市京山河道两岸，京山河是汉江中下游主要支流之一，本项目沿河雕塑、浮雕、地雕景点共计23组。雕塑、浮雕与景观元素相辅相成，融为一体，体现城市特色，提升京山市形象和品牌。

湖北吉乾建筑工程有限公司
HUBEI JIQIAN CONSTRUCTION ENGINEERING CO.,LTD.

公司简介
Company Profile

　　湖北吉乾建筑工程有限公司，总部位于湖北省大冶市大冶国际金融中心B座十楼，始建于2014年，公司具有古建筑工程专业承包一级、房屋建筑工程施工总承包二级、钢结构工程专业承包二级、市政公用工程施工总承包三级、水利水电工程施工总承包三级、建筑装饰装修工程专业承包二级、建筑幕墙工程专业承包二级等多项资质。公司注册资本达4868万元，主要从事各类房屋建筑、市政、仿古建筑、园林景观工程施工。公司推崇"以人为本、价值导向、事业激励"的用人原则。

　　我公司有健全的安全生产管理制度，实行ISO 09001全面质量管理体系，有完善的操作制度和管理规章。本着一切为用户服务的宗旨，自觉做到重合同、守信用，把企业效益和社会效益结合起来，并使之逐年提高，制定和完善了一系列规章制度，有力地保证了工程建设的顺利进行。

　　先后承建的建筑工程有：东兰县苏维埃政府旧址抢救保护项目工程、河池拔群党校——景观连廊工程、汕头市铁林禅寺建设工程、两纵一横道路附属工程（路灯）电缆线采购及安装项目、大冶市2021年城市双修工程、大冶市墈头街片区消防整治改造工程、湖北瑞祥铸造有限公司年产10000吨铸造产品项目、湖北星锐高端工业铝型材工程等。

　　在公司规模扩张的同时，公司始终注重管理的与时俱进，通过坚持高素质、高起点、高效率的发展战略，把各种资源进行有效组合，不断深化内部管理，推动公司的组织科学化、管理制度化、决策民主化、办事程序化，创造企业的高速度、高扩展、高效益发展，为全国的建设提供更多、更好的优质工程，实现公司长远的发展战略目标。

　　近年来，我公司不断加强全面管理，注重提高自身素质，以合同的工期，优良的质量，满意的服务，赢得了信誉。我公司承建的工程施工地点遍及全国，在激烈的市场竞争中树立了良好的企业形象，为企业的进一步发展奠定了基础。

建筑业企业资质证书

企业名称：湖北吉乾建筑工程有限公司
详细地址：大冶市东风东路下叶小区56号
统一社会信用代码：91420281399723947U
注册资本：4868万元
证书编号：D342002969
资质类别及等级：市政公用工程施工总承包叁级
河湖整治工程专业承包叁级
水利水电工程施工总承包叁级
城市及道路照明工程专业承包叁级
施工劳务资质不分等级
地基基础工程专业承包叁级
环保工程专业承包叁级

法定代表人：陈正荣
经济性质：有限责任公司（自然人投资或控股）
有效期至：2022年06月30日

本使用件仅用于：政府招投标
使用期限：2022-01-01至2022-06-30

发证机关：
2019年11月19日

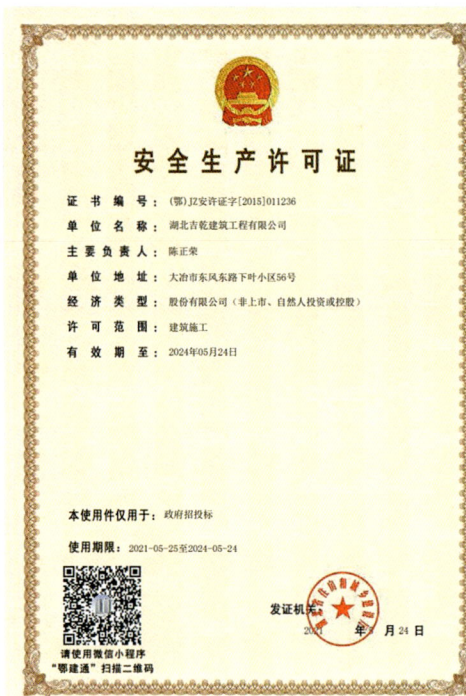

安全生产许可证

证书编号：（鄂）JZ安许证字[2015]011236
单位名称：湖北吉乾建筑工程有限公司
主要负责人：陈正荣
单位地址：大冶市东风东路下叶小区56号
经济类型：股份有限公司（非上市、自然人投资或控股）
许可范围：建筑施工
有效期至：2024年05月24日

本使用件仅用于：政府招投标
使用期限：2021-05-25至2024-05-24

发证机关：
2017年05月24日

建筑业企业资质证书

企业名称：湖北吉乾建筑工程有限公司
详细地址：大冶市东风东路下叶小区56号
统一社会信用代码：91420281399723947U
注册资本：4868万元
证书编号：D242076846
资质类别及等级：钢结构工程专业承包贰级
古建筑工程专业承包壹级
建筑工程施工总承包叁级
建筑装饰装修工程专业承包贰级
建筑幕墙工程专业承包贰级

法定代表人：陈正荣
经济性质：有限责任公司（自然人投资或控股）
有效期至：2022年06月30日

本使用件仅用于：政府招投标
使用期限：2022-01-01至2022-06-30

发证机关：
2019年11月19日

营业执照

（副本）
统一社会信用代码 91420281399723947U

名　称：湖北吉乾建筑工程有限公司
类　型：有限责任公司（自然人投资或控股）
住　所：大冶市东风东路下叶小区56号
法定代表人：陈正荣
注册资本：肆仟捌佰陆拾捌万圆整
成立日期：2014年06月05日
营业期限：长期
经营范围：房屋建筑工程、市政公用工程、古建筑工程设计与施工、古建筑文物保护修缮工程设计与施工、城市园林绿化工程、建筑幕墙工程、建筑装饰装修工程、水利水电工程、环保工程、钢结构工程、城市及道路照明工程、地基基础工程、防水防腐保温工程、建筑机电安装工程、消防设施工程、电子与智能化工程、特种工程、体育场地设施工程施工、户外广告制作与安装、雕塑景观制作与安装、绿化保养与维护、施工劳务分包。（涉及许可经营项目，应取得相关部门许可后方可经营）

登记机关

2018年09月21日

文物保护工程施工资质证书

单位名称：湖北吉乾建筑工程有限公司
资质等级：三级
业务范围：古建筑、近现代重要史迹及代表性建筑
证书编号：文物施三字0202SG1708
有效期：十二年

发证机关：黄石市文物局
2017年07月24日

黄石市文物局制

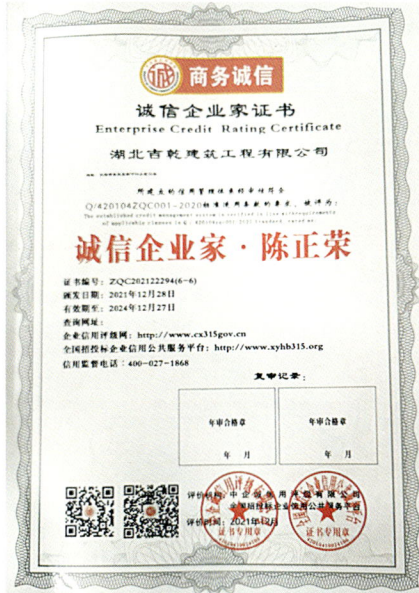

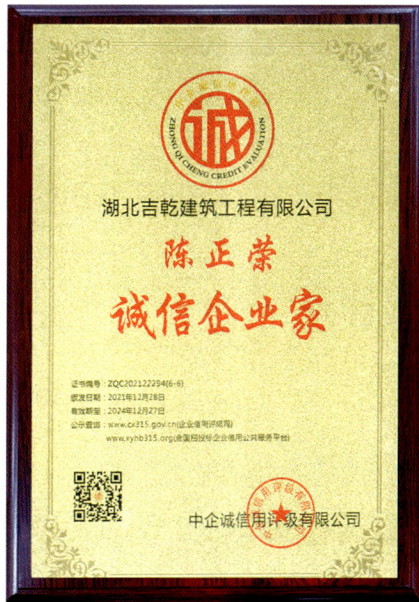

大冶市大观园林古建工程有限公司

DAYE DAGUAN Garden Ancient Architectural Engineering Co.,Ltd.

公司简介
Company Profile

　　大冶市大观园林古建工程有限公司，经湖北省住房和城乡建设厅核定为园林古建筑二级资质企业，从事园林景观、仿古建筑设计与施工，园林绿化、庭院理水、假山、雕塑、彩灯、喷泉、彩绘等制作及安装。

　　公司现有从业人员500余人，其中管理和技术人员68人，工程师、经济师、会计师等助工以上专业人才46人。公司现有注册资金1000万元，净资产1140万元，现有各种机械设备190台套；在省会武汉拥有办事处，公司总部地址位于大冶市东风路商会大厦12楼。

　　大观园林古建工程有限公司自成立以来，坚持以"仁义、信誉、精品"的企业精神，扎根于湖北，用现代园林艺术，为中华大地增添锦绣。公司在董事长胡文彪同志的苦心经营下，努力拼搏，先后承建的工程有：（1）仿古建筑修缮工程：国家级文物保护单位中共"五大"会址古建筑修缮工程；国家AAAAA级东湖生态旅游风景区磨山景区"朱碑亭"修缮工程。（2）仿古建筑工程：广东六祖寺投资湖北仙桃甘露寺的三层"大雄宝殿"工程；河北霸州市大悲禅寺工程。（3）园林景观工程：国家AAAA级森林公园浠水三角山旅游风景区仿古建筑、园林景观工程；国家AAAAA级东湖生态旅游风景区磨山梅园三期花溪景观工程；国家AAAAA级东湖生态旅游风景区磨山景区"摩崖石刻"；全国示范小区武汉百步亭社区百合苑和怡康苑小区园林绿化景观工程；湖北省体育中心山体绿化园艺工程；《湖北日报》传媒大厦园林景观绿化工程；楚天都市沁园园林绿化景观工程等标志性工程。

　　在祖国崛起、民族复兴的历程中，大观园林古建工程有限公司有信心同祖国一起前进。公司的未来，集天地之灵秀，纳四海之贤才，为建设人与自然的和谐社会做出更大的贡献。

安全生产许可证

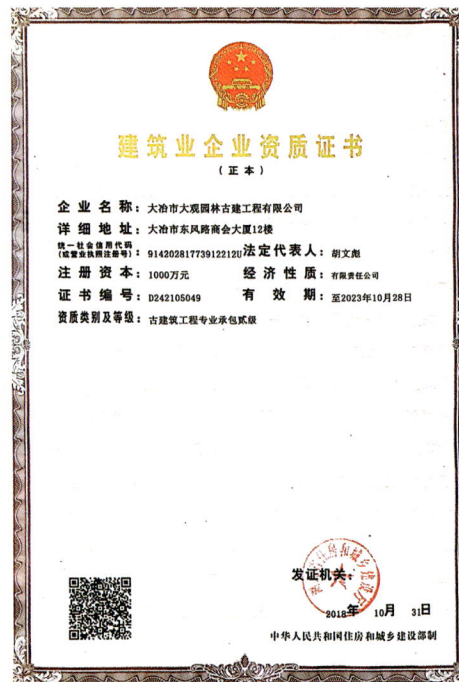

古建筑工程专业承包二级

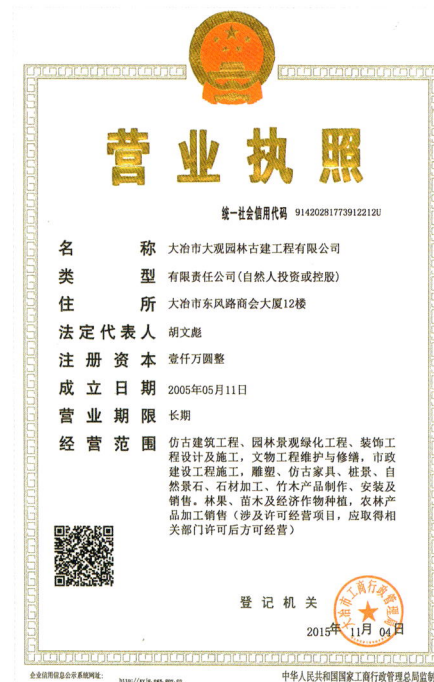

营业执照

广东罗定开元寺海慧塔工程

广东罗定开元寺大雄宝殿工程

广东罗定开元寺大雄宝殿工程（正在施工）

武汉市磨山景区刘备郊天坛工程

武汉市磨山景区摩崖石刻工程

武汉市磨山景区刘备郊天坛工程

广东罗定开元寺海慧塔工程（正在施工）

湖北日报传媒大厦园林景观绿化工程

湖北日报传媒大厦园林景观绿化工程

广东罗定广济灵山寺颐养院工程

湖北省体育中心山体绿化园艺工程

武汉百步亭绿化景观工程

湖北通山焦氏宗祠省级文物修缮工程

武汉中共五大会址古建筑修缮工程 1

武汉中共五大会址古建筑修缮工程 2

武汉归元禅寺流通处一期扩建工程

武汉东湖磨山景区朱碑亭修缮工程 1

武汉东湖磨山景区朱碑亭修缮工程 2

江西武宁弥陀寺工程

武汉东湖磨山景区梅园园林绿化景观工程 1

武汉东湖磨山景区梅园园林绿化景观工程 2

武汉东湖磨山景区樱花园园林绿化景观工程

武汉东湖落雁景区仿古木亭工程 1

武汉东湖落雁景区仿古木亭工程 2

武汉金地格林园林绿化景观工程

湖北泰凯建设工程有限公司

Hubei TaiKai Construction Engineering Co., Ltd.

没有完美的个人
只有完美的团队

Unity is strength

爱拼搏
才会赢

Struggle to succeed

泰凯建设

湖北泰凯建设工程有限公司

公司简介

Company Profile

  湖北泰凯建设工程有限公司成立于 2016 年 10 月 31 日。拥有施工总承包资质：建筑工程总承包三级、市政公用工程总承包三级；专业承包资质：钢结构工程专业承包三级、环保工程专业承包三级、地基基础专业承包三级、古建筑工程专业承包一级、防水防腐保温工程专业承包二级、建筑幕墙工程专业承包二级、建筑装饰装修工程专业承包二级、施工劳务资质不分等级。公司现有员工 110 人，注册建造师 20 人、中级以上职称人员 20 人、现场管理人员 30 人、技术工人 50 人。

  2019 年 5 月，获得工信部中国中小企业信息网认证的企业信用评级 AAA 级信用企业及"诚信经营示范单位"称号。

  公司业务全面，在建筑施工、市政公用、道路桥梁、古建筑、文物修缮等工程业务上发展全面。公司乘大冶古建之乡品牌的东风，发挥自己的优势，在古建筑修建、文物工程修缮方面连创佳绩。公司除致力于自身发展，还力求合作共赢。积极寻求与国有建筑大型集团合作，先后与中建一局、中铁上海工程局、中国五矿集团签订合作协议，成为旗下分包商。并承建了中建一局珠海项目：情侣南路（横琴大桥至横琴二桥段）、洪屏二路南段市政道路工程缆线管廊工程；中铁上海工程局集团第六工程有限公司项目：昆明空港经济区南污水处理厂二期工程安装工程等。

  公司始终坚持"质量第一，用户至上，铸造精品，超越自我"的服务宗旨，并以"源以社会、回报社会"为己任，积极参加各项社会公益事业。追求和完善科学管理，以人才战略为依托，以具有高度社会责任感的企业形象面向社会，以优质、创新、诚信服务于各界。

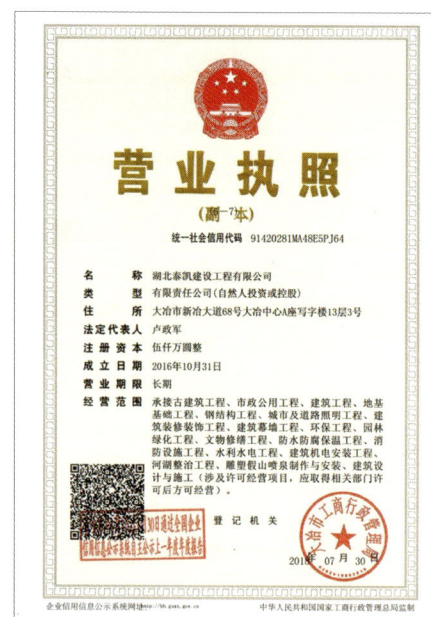

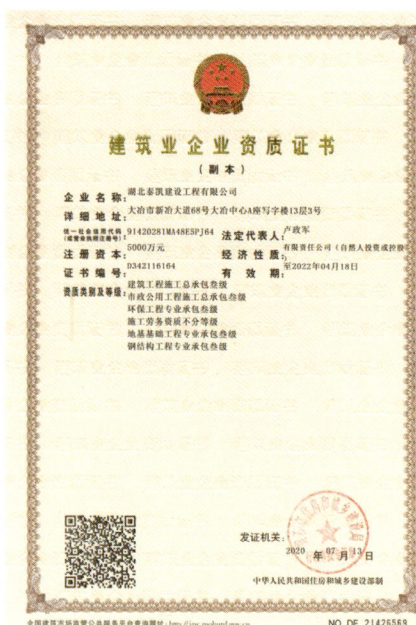

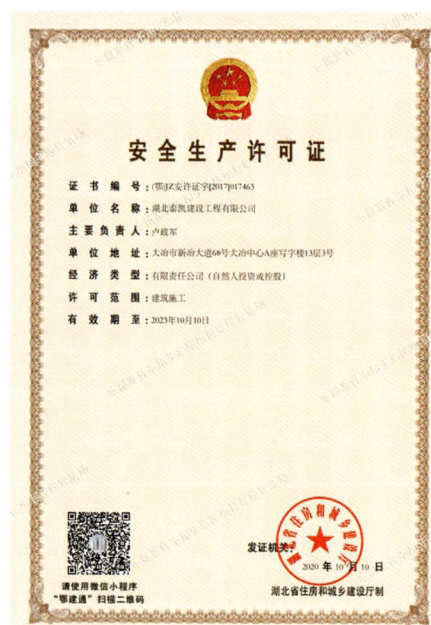

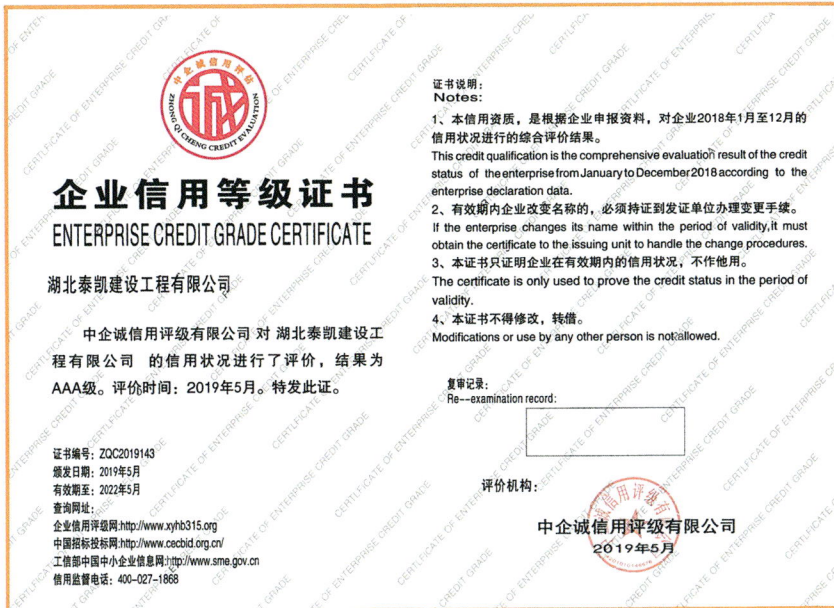

HUBEI DAYE CITY
CONSTRUCTION
ENTERPRISE
2022

三

市政公用工程
施工总承包

湖北永捷市政园林工程有限公司

Hubei Yongjie Municipal Garden Engineering Co., Ltd.

公司简介
Company Profile

　　湖北永捷市政园林工程有限公司成立于2007年，是一家以市政施工、建筑施工、古建筑施工、绿化施工等为主的综合性市政园林企业，公司业务涵盖建筑工程地基与基础工程、土石方工程、建筑钢结构工程、土地和环境治理工程及施工劳务工程等，具有市政公用工程施工总承包二级、建筑工程施工总承包三级、古建筑工程专业承包三级资质、钢结构工程专业承包三级及园林绿化、施工劳务及服务业等。公司现有各类专业技术人才，雄厚的技术人才队伍、齐全的机械设备为公司的持续发展奠定了坚实的基础。

　　"十年树木，百年树人"。多年来，公司坚持以"诚实守信、精益求精"的企业服务宗旨，承接各类市政工程、建筑工程、绿化工程和大冶城区主次干道清淤、排污泵站和闸门维护及维修、城区人行道和市政设施维修及招投标工程等，为我市创造和谐的人居环境尽心尽力、尽职尽责，在业内赢得了良好的口碑！

　　在今后的发展中，公司将以"诚实守信、拼搏进取、高效优质、争创一流"为企业愿景，通过管理创新、服务创新、技术创新，不断加强企业文化建设和技术人才队伍建设，为创造一流企业，真抓实干！埋头苦干！撸起袖子，加油干！公司愿为社会各界竭诚服务，追求卓越！

　　"永捷市政，永无止境"！

安全生产许可证
证书编号：(鄂)JZ安许证字[2015]011989
单位名称：湖北永捷市政园林工程有限公司
主要负责人：邹新民
单位地址：大冶市罗桥大道金融服务中心第一幢1单元6层602号房
经济类型：有限责任公司（自然人投资或控股）
许可范围：建筑施工
有效期至：2024年07月14日
请使用微信小程序
"鄂建通"扫描二维码
发证机关：
湖北省住房和城乡建设厅制

建筑业企业资质证书
企业名称：湖北永捷市政园林工程有限公司
详细地址：大冶市罗桥大道金融服务中心第一幢1单元6层602号房
统一社会信用代码：91420281667672753H
法定代表人：邹新民
注册资本：4800万人民币
经济性质：有限责任公司（自然人投资或控股）
证书编号：D242073404
有效期至：2022年12月31日
资质类别及等级：市政公用工程施工总承包贰级
防水防腐保温工程专业承包贰级
建筑装修装饰工程专业承包贰级
请使用微信小程序
"鄂建通"扫描二维码
发证机关：
湖北省住房和城乡建设厅制

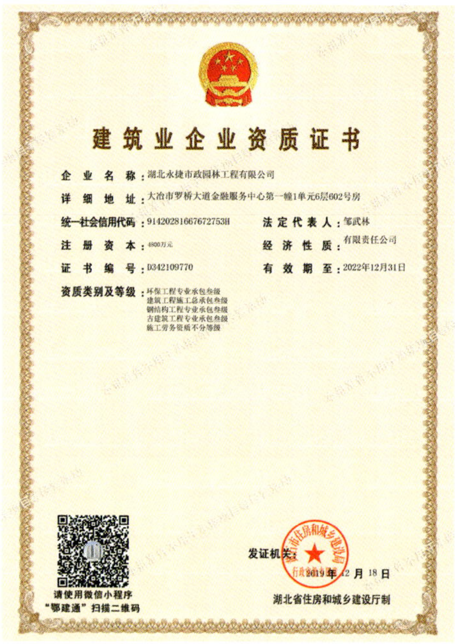
建筑业企业资质证书
企业名称：湖北永捷市政园林工程有限公司
详细地址：大冶市罗桥大道金融服务中心第一幢1单元6层602号房
统一社会信用代码：91420281667672753H
法定代表人：邹武林
注册资本：4800万元
经济性质：有限责任公司
证书编号：D342109770
有效期至：2022年12月31日
资质类别及等级：环保工程专业承包叁级
建筑工程施工总承包叁级
钢结构工程专业承包叁级
古建筑工程专业承包叁级
施工劳务资质不分等级
请使用微信小程序
"鄂建通"扫描二维码
发证机关：
湖北省住房和城乡建设厅制

2019年度建筑业
先进单位
大冶市住房和城乡建设局
二〇二〇年七月

2020年度建筑业
先进单位
大冶市住房和城乡建设局
二〇二一年五月

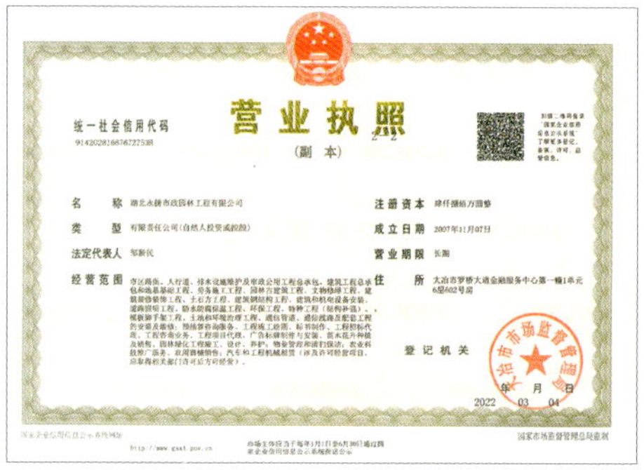
营业执照
(副本)
统一社会信用代码

环境管理体系认证证书
MANAGEMENT SYSTEM CERTIFICATION

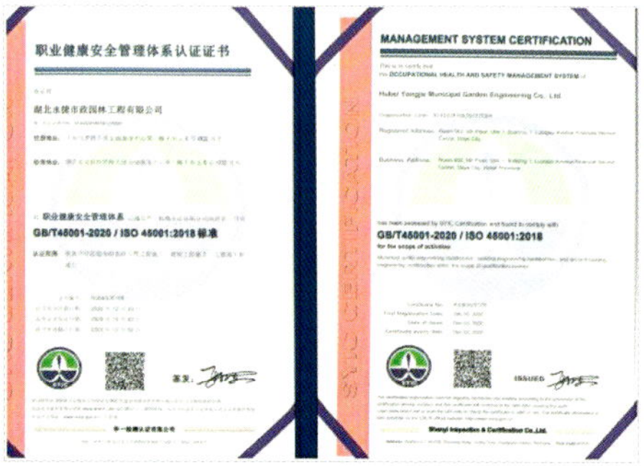
职业健康安全管理体系认证证书
MANAGEMENT SYSTEM CERTIFICATION

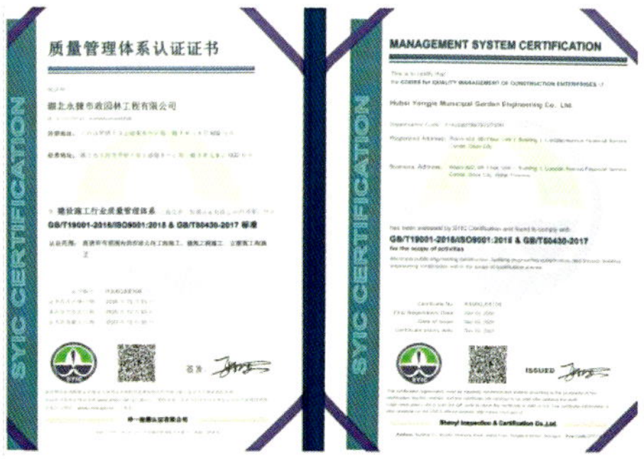
质量管理体系认证证书
MANAGEMENT SYSTEM CERTIFICATION

经营管理
Operatining Management

公司在多年的经营中坚持实行项目经理负责制，使企业在为客户提供安全、高效、保质、保量，如期完成各项工程任务的同时树立了良好的品牌形象，培育了一大批优质客户，在探索管理和施工过程中获得了丰富的经验和良好的社会效果。

汉龙绿化项目

国源村家属区绿化工程

站东小区绿化提档升级工程

磁湖南岸生态修复工程

为确保汛期城市排水设施运行安全畅通,全力保障人民群众正常生产生活秩序,公司每年根据市里要求,结合我市排水设施现状,对城区内的排水管网、沟渠、排水窨井、雨水井等开展管道疏通清淤,有效防止城区内发生内涝,同时对大暴雨的排水有着比较积极的作用。公司还定期组织维管对城区各泵站电机、水泵等设备进行维护和检修,对减压启动箱线路进行检查,确保安全度过汛期。

市政设施养护维修项目不同于其他的一般建设工程,他的服务性和公益性特点直接关系到社会的公共利益。随着城市建设步伐的不断加快,人们的生活水平越来越高,对市政基础设施以及养护的要求也在不断提高。公司要求养护维修人员一定要有超前意识,在工程施工中,要用可持续发展的理念做好市政设施养护维修项目,确保市政设施与城市建设相配套,一些市政设施的功能与城市发展相匹配。

城区清淤项目

城区市政设施维修工程

黄石消防中队大冶支队改造工程

城西北工业园箱涵工程

殷祖镇查家晚灾毁桥梁改造工程

保安镇沼山乡村公园建设基地七彩道路建设工程

公司简介

Company Profile

　　湖北高端建设集团有限公司（原湖北高端园林景观建设工程有限公司）成立于2009年5月，是一家具有古建筑工程专业承包一级、市政公用工程总承包二级、建筑工程施工总承包二级、建筑装修装饰工程专业承包二级等11项资质的公司。公司在中铁集团等多家央（国）企、上市公司已战略入库，并已参与多个项目合作。通过了ISO质量、环境、职业健康管理体系认证，是大冶市建筑业先进单位、重守合同信用企业、AAA级资信企业。

　　公司注册资金5000万元，拥有一家设计公司、一个苗圃基地及两家控股公司。

　　公司近两年主要业绩有：贵州独山县影山镇净心谷景区建设工程、仙桃排湖风景区项目、湖北罗田清元寺、河南鲁山文殊寺、河北邯郸九和塔、内蒙古包头昆都仑召项目、安徽滁州明湖文化旅游项目、河北邯郸九和塔、北海公园项目、贵州榕江苗王古镇、湖北老河口市翔鹤楼、望江楼项目、大冶新冶特钢、金茂·万象城景观工程、四川攀枝花市半易丙谷镇盘龙寺大雄宝殿工程、宝丰县前营乡岳坟沟民宿项目、山东单县东舜河生态园科普植物馆、灵乡万鼎办公楼及2#厂房承台基础工程、大棋路（河口段）改造工程(EPC)雨管污水管改造绿化工程、黄石西塞山区环湖路小区断头路改造项目、排洪港综合整治工程（EPC）项目等。业务遍布全国各地，设计和施工成果得到了业主及业内专家的高度肯定和赞扬。

　　公司一贯奉行"高视阔步诚为本，端本正源德为先"的企业理念；弘扬以"先做人后做事，德在才先"的用人标准，不断提升员工素质和企业的综合实力；尊崇"踏实、拼搏、责任"的企业精神，并以诚信、共赢、开创的经营理念，创造良好的企业环境，以全新的管理模式、完善的技术、周到的服务、卓越的品质为生存根本。我们始终坚持用户至上，用心服务于客户，坚持用自己的服务去打动客户。在经营中，以现代企业的合同管理模式为核心，以诚信合作为纽带，广泛建立良好的合作关系，市场不断拓展。公司以优质的服务和高度的诚信，在社会上树立起良好的企业形象。

企业资质

Enterprise Qualification

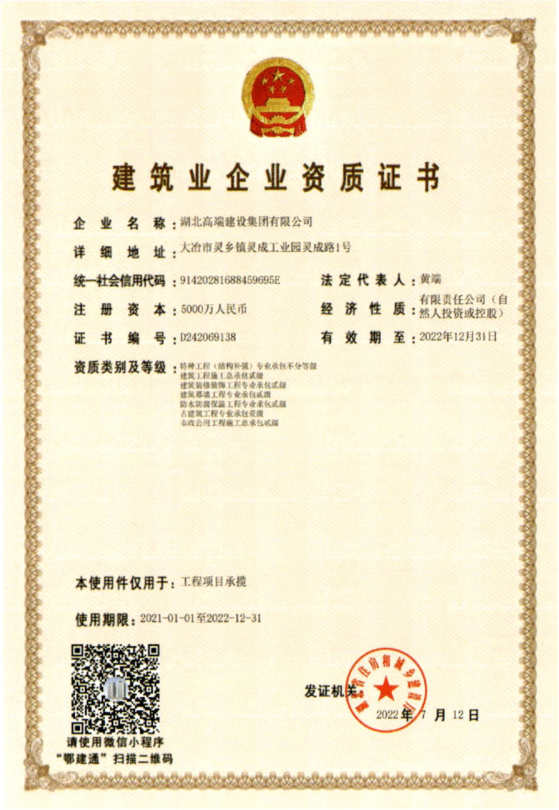
建筑业企业资质证书

企业名称：湖北高端建设集团有限公司

详细地址：大冶市灵乡镇灵成工业园灵成路1号

统一社会信用代码：91420281688459695E　法定代表人：黄端

注册资本：5000万人民币　经济性质：有限责任公司（自然人投资或控股）

证书编号：D242069138　有效期至：2022年12月31日

资质类别及等级：特种工程（结构补强）专业承包不分等级
建筑工程施工总承包贰级
建筑装修装饰工程专业承包贰级
建筑幕墙工程专业承包贰级
防水防腐保温工程专业承包贰级
古建筑工程专业承包壹级
市政公用工程施工总承包贰级

本使用件仅用于：工程项目承揽

使用期限：2021-01-01至2022-12-31

请使用微信小程序“鄂建通”扫描二维码

发证机关：2022年7月12日

一级二级资质证书

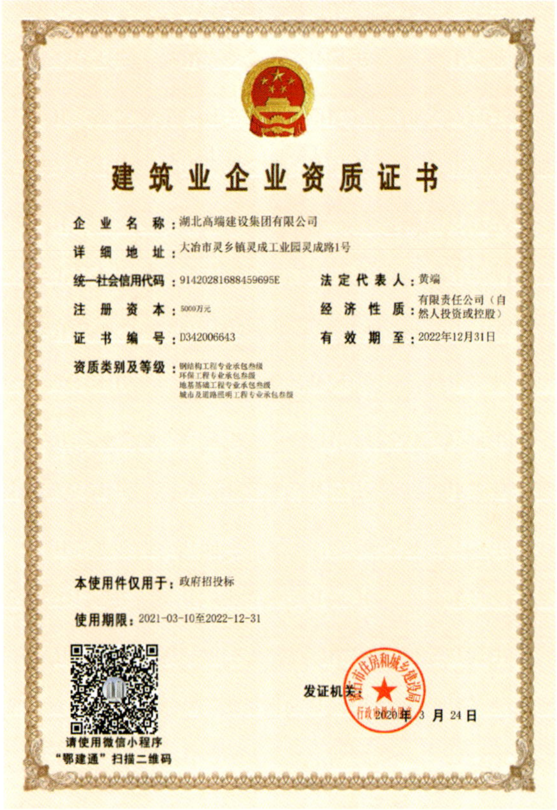
建筑业企业资质证书

企业名称：湖北高端建设集团有限公司

详细地址：大冶市灵乡镇灵成工业园灵成路1号

统一社会信用代码：91420281688459695E　法定代表人：黄端

注册资本：5000万元　经济性质：有限责任公司（自然人投资或控股）

证书编号：D342006643　有效期至：2022年12月31日

资质类别及等级：钢结构工程专业承包叁级
环保工程专业承包叁级
地基基础工程专业承包叁级
城市及道路照明工程专业承包叁级

本使用件仅用于：政府招投标

使用期限：2021-03-10至2022-12-31

请使用微信小程序“鄂建通”扫描二维码

发证机关：2020年3月24日

三级资质证书

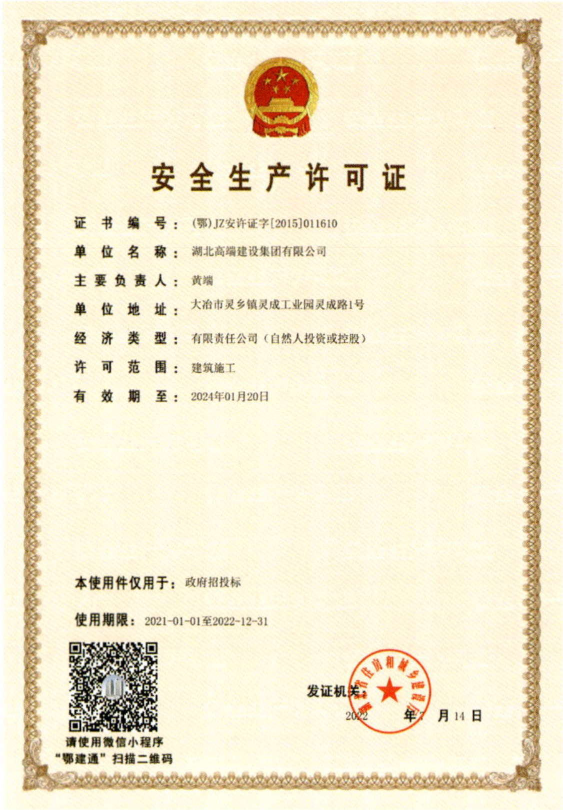
安全生产许可证

证书编号：（鄂）JZ安许证字[2015]011610

单位名称：湖北高端建设集团有限公司

主要负责人：黄端

单位地址：大冶市灵乡镇灵成工业园灵成路1号

经济类型：有限责任公司（自然人投资或控股）

许可范围：建筑施工

有效期至：2024年01月20日

本使用件仅用于：政府招投标

使用期限：2021-01-01至2022-12-31

请使用微信小程序“鄂建通”扫描二维码

发证机关：2022年7月14日

安全生产许可证

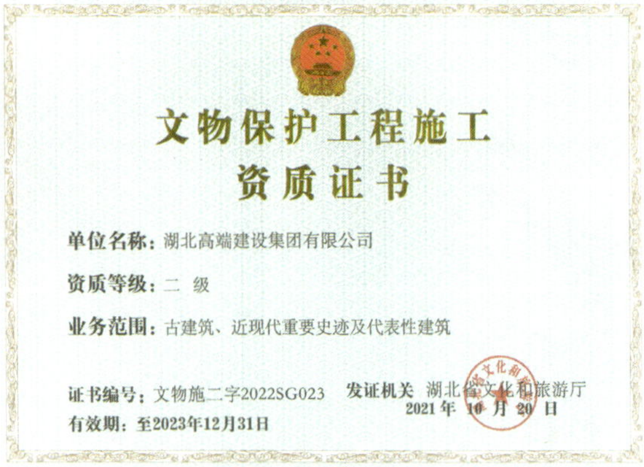
文物保护工程施工资质证书

单位名称：湖北高端建设集团有限公司

资质等级：二级

业务范围：古建筑、近现代重要史迹及代表性建筑

证书编号：文物施二字2022SG023　发证机关　湖北省文化和旅游厅　2021年10月20日

有效期：至2023年12月31日

文物保护施工资质证书

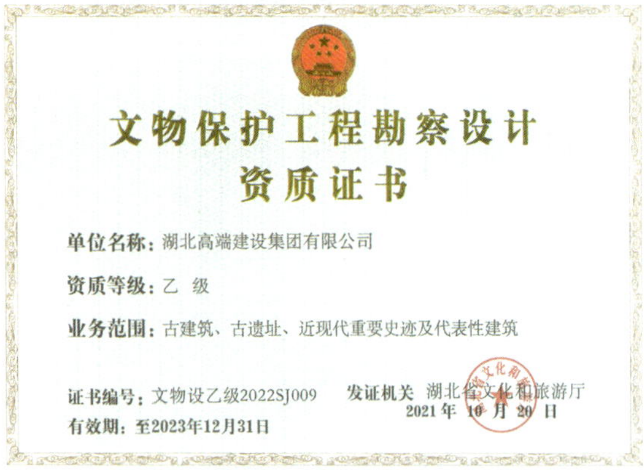
文物保护工程勘察设计资质证书

单位名称：湖北高端建设集团有限公司

资质等级：乙级

业务范围：古建筑、古遗址、近现代重要史迹及代表性建筑

证书编号：文物设乙级2022SJ009　发证机关　湖北省文化和旅游厅　2021年10月20日

有效期：至2023年12月31日

文物保护设计资质证书

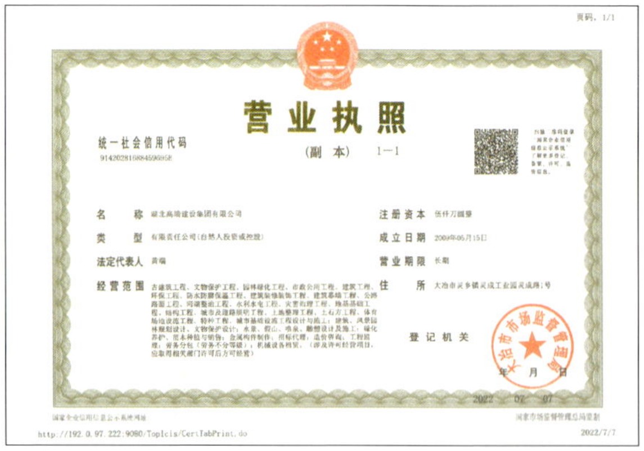
营业执照

（副本）

统一社会信用代码

营业执照

2019 年先进单位

2020 年先进单位

A 级纳税人

抗疫荣誉证书

茗山教育基金捐赠证书

2016-2017 守合同重信用

2018 年荣誉证书

2019 年优秀项目经理证书

2022 年优秀项目经理证书

青年企业家协会理事会理事受聘证书

优秀创业青年证书

大冶青年企业家商会副会长受聘奖牌

大冶市新冶特钢

仙桃市排湖风景区项目

湖北罗田清元寺

北海公园项目

万象城景观项目

大棋路（河口段）改造工程（EPC）项目

贵州影山镇净心谷项目

安徽明湖项目

湖北汉鹏建筑工程有限公司

Hubei Hanpeng Construction Engineering Co. , Ltd.

公司简介
Company Profile

湖北汉鹏建筑工程有限公司坐落于百里黄金地，"江南聚宝盆"之称的青铜故里大冶市。2002年3月成立于武汉，前称为武汉市汉鹏建筑工程有限公司，2014年8月更名为湖北汉鹏建筑工程有限公司，受大冶市市委、市政府的感召，公司从武汉市汉南区整体迁入大冶市城西北工业园，为家乡的经济发展和城乡建设做出自己的贡献！目前公司总资产1.5亿元，配备各种施工机械设备200台(套)，多年来公司承建工程优良率90%以上，2019年和2020年连续两年被大冶市住房和城乡建设局评为"先进单位"。

2013年4月，公司升级为湖北省住房和城乡建设厅颁发的房屋建筑施工总承包二级资质企业，同时具有市政公用工程、钢结构、建筑装饰装修、地基与基础、环保工程等专业施工资质，现公司占地面积7562平方米，办公楼及配套设施总建筑面积3800平方米，拥有各种专业技术人员300余人。

公司坚持"以人为本、客企一体、多创精品"的企业精神，赢得了市场，提高了企业形象，创建了一大批优良样板工程，促进了公司的持续快速发展。

汉鹏人将继续秉行"厚德、诚信、拓新、笃行"的经营理念，为城乡建设提供更优质的精品工程和更专业的服务！热情的汉鹏将与您携手并进，共创河汉江淮、鹏程万里的美好未来！

建筑装修装饰工程专业承包二级
建筑工程施工总承包二级

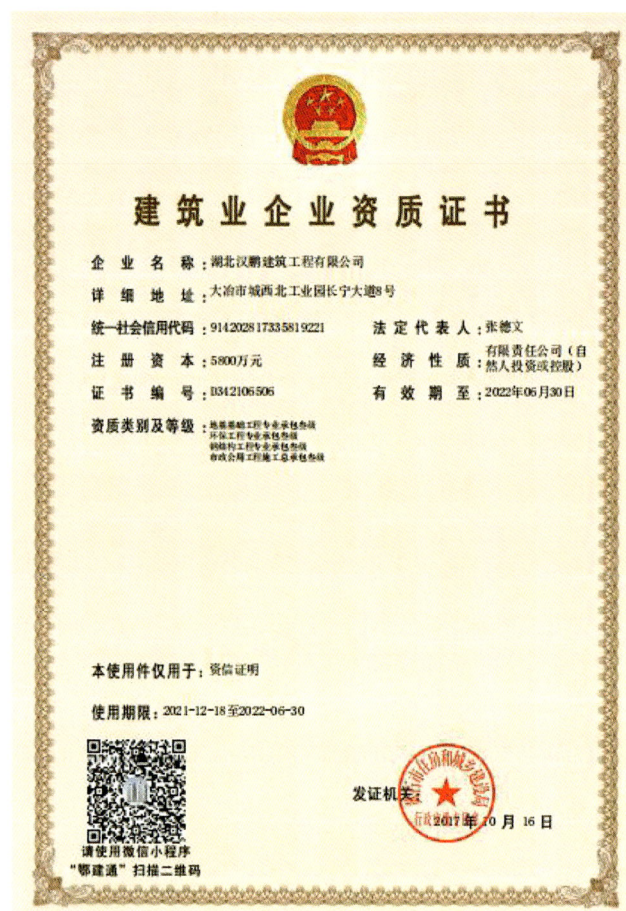

地基基础工程专业承包三级
环保工程专业承包三级
钢结构工程专业承包三级
市政公用工程专业承包三级

建设单位：湖北丰泰新型建材有限公司

工程名称：新型环保建筑材料项目建设工程一标段

工程概况：新建两栋钢结构厂房约 28000 平方米，厂房配电、给水排水安装。

工程造价：28627043.41 元

建设单位：湖北丰泰新型建材有限公司

工程名称：新型环保建筑材料项目建设工程二标段

工程概况：新建 5000 平方米办公楼、倒班房、实验楼、砂浆楼及商住混凝土楼的建设和装修。

工程造价：19188319.9 元

建设单位：湖北华坤路桥公司

工程名称：湖北华坤路桥公司厂区硬化、道路和排水及绿化工程

工程概况：道路硬化及排水造价 5000000 元，绿化 2600000 元

建设单位：大冶市海雅房地产开发有限公司

工程名称：海雅香山湖区间道路（和庄路）

工程概况：新建一条道路，排水、配电、指示牌安装。

工程总造价：16564536.66 元

建设单位：大冶市海雅房地产开发有限公司

工程名称：海雅香山湖区间道路（春华路、秋实路）

工程概况：新建两条道路，排水、配电、指示牌安装。

工程总造价：29869566.58 元

建设单位：湖北汉鹏建筑工程有限公司

工程名称：湖北汉鹏建筑工程有限公司配套建设工程

工程概况：新建 3800 平方米办公楼、食堂、职工宿舍、3 栋钢结构仓库的建设和装修。

工程造价：29368965.55 元

大冶丰和建筑工程有限公司
Daye Fenghe Construction Engineering Co., Ltd.

丰和建筑

公司简介

Company Profile

　　大冶丰和建筑工程有限公司成立于2013年11月13日。在成立伊始，公司就制定和完善了一系列管理规章制度，编制了《丰和格训》，创建了企业文化体系，确立企业核心价值观——"奋志进善，丰业和德"，指导公司从无到有、从小到逐步壮大地稳健快速发展。目前，公司现拥有建筑工程施工总承包二级资质，建筑装修装饰工程专业承包二级资质，市政公用工程施工总承包三级资质，地基基础工程专业承包三级资质，钢结构工程专业承包三级资质，施工劳务资质和模板脚手架专业承包资质等，并通过了国家ISO 9001质量管理体系、ISO 14001环境管理体系和OHSAS 18001职业健康安全管理体系等国标三位一体管理体系的认证。

　　公司注册资金2000万元，经过多年的奋力发展，资产总额已达到4500万元，拥有办公场所3088平方米，建筑材料仓库一个（2000平方米），机械设备钢管等修理存放基地一个（20亩）。从业人员268人，管理人员76人；其中，一级建造师2人，二级建造师15人，高级工程师4人，工程师50人，施工现场管理人员34人，中级、高级技术工人76人，安全A、B、C三类证核心人员42人，特种作业人员42人。各类工程大中型施工机械设备150余台套，机械设备总功率2421.8千瓦，机械设备净值693.4万元。

　　近年来，公司完成工程项目施工48项，建筑面积128.6万平方米，荣获黄石市建筑优质（铜都杯）工程奖10项，黄石市建筑结构优质工程奖15项，承建的工程优良率达到30%以上，合格率达到100%。在激烈的市场竞争中树立了良好的企业形象，为企业进一步发展奠定了基础。

　　今后，公司将跟紧时代步伐，寻求机遇，秉承"奋发心志，进举贤善，宏大事业，惠民恩德"的创业宗旨，沿着"诚实守信，安全第一，品质至上，建优质工程"的道路，砥砺前行，再创辉煌。

二级资质证书

三级资质证书

安全生产许可证

营业执照

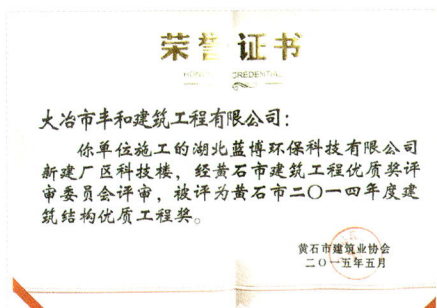

2014年"建筑结构优质工程"奖

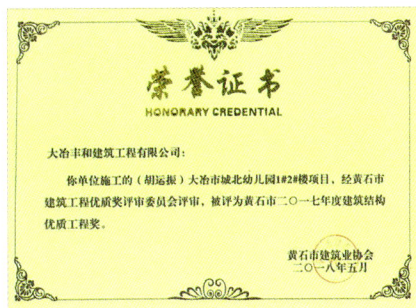

2017年"建筑结构优质工程"奖

2020年结构优质工程"铜都杯"奖（证书）

2014年"建筑优质工程"奖

2018年结构优质"铜都杯"奖

2020年安全文明施工现场"铜都杯"奖（证书）

2019年先进单位

2020年先进单位

2021年A级纳税人

2020年结构优质工程"铜都杯"奖（奖牌）

2020年安全文明施工现场"铜都杯"奖（奖牌）

2021年湖北省"建筑结构优质工程"奖

2021年湖北省"安全文明施工现场"奖

湖北金诚信矿业服务有限公司办公楼

湖北金诚信矿业服务有限公司倒班房

黄石宏坤物流园一期工程

黄石宏坤物流园一期工程综合楼

云顶花园二期

万圆·圆梦国际 3# 楼

大冶城北幼儿园

黄石天瑞

天骄·公馆

大冶兰园

HUBEI DAYE CITY
CONSTRUCTION
ENTERPRISE
2022

四
钢结构
专业承包

湖北鑫索建设有限公司

Hubei Xinsuo Construction Co., Ltd.

鑫索建设
Xinsuo Jianshe

公司简介
Company Profile

湖北鑫索建设有限公司成立于2009年，公司具备钢结构工程专业承包一级、建筑工程施工总承包二级、市政公用工程总承包三级、地基基础工程专业承包三级、古建筑工程专业承包三级、防腐防水保温三级资质。经过十多年的发展，公司已成为鄂东南地区较大的钢结构建筑系统生产建筑企业，为客户提供专业钢结构制造、安装一体化服务。

公司位于湖北省黄石大冶湖高新区开元大道51号，占地面积130亩，生产厂房面积3.8万平方米，总投资1.5亿元，年产量近5万吨。公司拥有国内先进的整套钢结构生产设备，建立了建筑钢结构研究技术中心，拥有强大的技术力量储备和雄厚的人才资源，能快捷、优质地为客户提供各类钢结构解决方案。

通过自主创新，公司拥有自主知识产权的发明专利和实用新型专利20多项。承接了湖北劲牌公司、中建钢构中部厂房、长沙国际金融中心、郑州机场T2航站楼、武汉国际博览中心、武汉绿地中心、厦门中航紫金广场、黄石宝钢生产车间、深圳创业投资大厦、云南武倘寻高速天生桥特大桥、顺丰机场指挥塔台、黄石市上港高架桥等国内一大批标志性工程，深受业主单位赞誉。

公司始终坚持"以人为本"，充分发挥企业的管理、技术、人才和机械设备优势。秉承"诚信立足，创新致远"的宗旨，确立以质量树信誉，以安全求效益，以创新求发展的企业信念，通过优化内部管理，提升企业文化品质，实施品牌发展战略，坚定不移地打造业内具有核心竞争力的钢结构生产企业。

公司至今累计完成各类工程800余项，累计产值30多亿元。先后获得了2016年大冶市抗灾救灾"突出单位"、2016年度黄石市"十星级文明企业"、2018年高新技术企业、2017—2019湖北省文明单位、黄石市诚信示范企业、2018-2019年度黄石市守合同重信用企业、2020年大冶五一劳动奖状、2020年度建筑业先进单位、2020年黄石首届诚信示范企业、精准扶贫先进民营企业、先进党组织。

公司以创建鑫索品牌为目标，以质量求生存，以信誉求发展，提高创新能力，加快新产品、新技术、新工艺的研发，逐步完成从单一的钢结构建筑企业向全面的建筑总承包企业转变。鑫索继续秉承"诚信立足，创新致远"的宗旨，不断努力，为社会创造更大的价值。

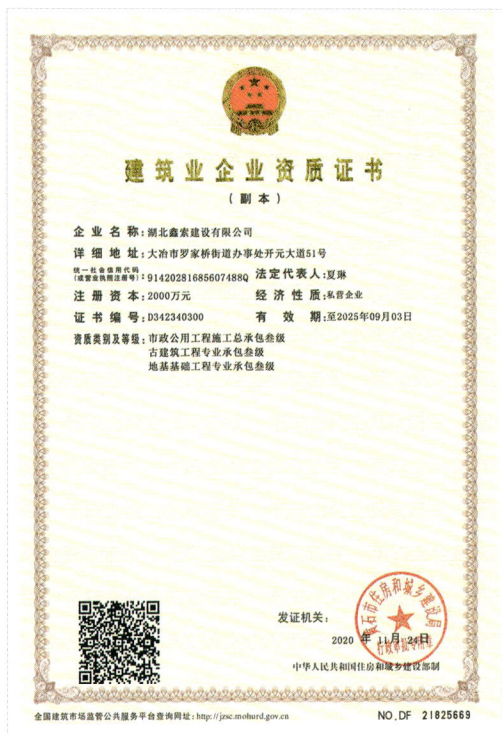

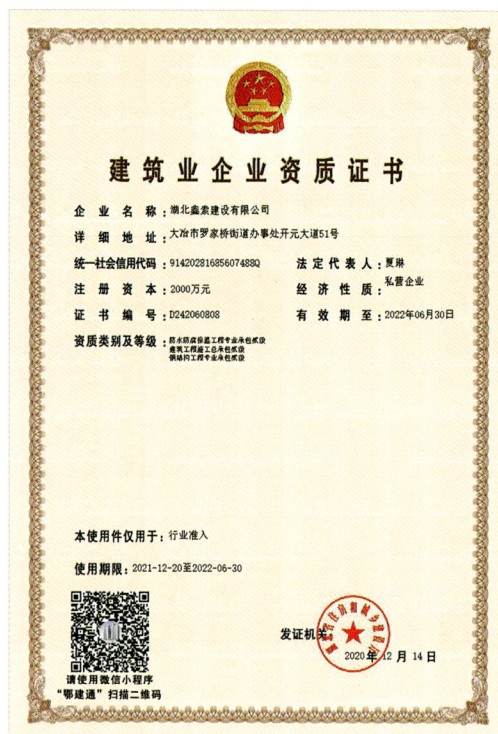

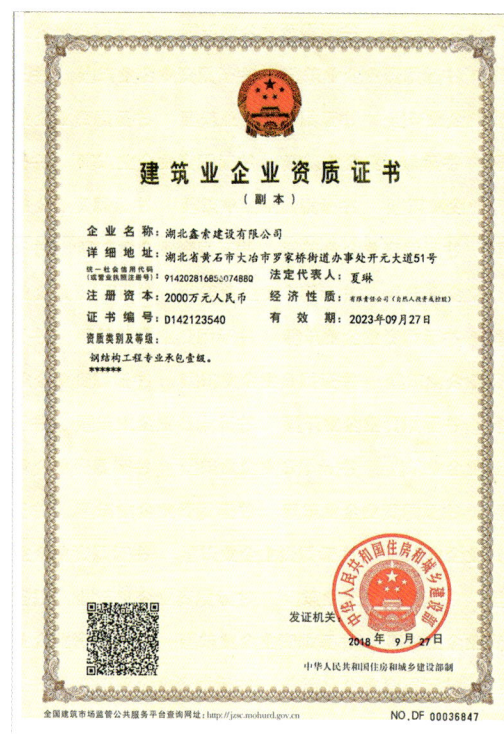

高新技术企业证书

企业名称：湖北鑫索建设有限公司　　证书编号：GR202142000033
发证时间：2021年11月10日　　有效期：三年
批准机关：

湖北省专精特新"小巨人"企业

湖北省经济和信息化厅

荣誉证书

湖北鑫索建设有限公司：

被评为"2017-2019年度湖北省文明单位"，特发此证予以表彰。

中共湖北省委　湖北省人民政府
2020年12月

2021年度

湖北省"瞪羚"科创新物种企业

湖北省科学技术厅
二○二一年十月

授予：湖北鑫索建设有限公司
黄石市首届诚信示范企业综合评价评选

诚信示范企业

黄石市社会信用体系建设领导小组办公室
二○二一年一月

黄石市"精准扶贫 民企助力"行动

先进民营企业

黄石市工商业联合会（商会）
黄石市人民政府扶贫开发办公室
二○二一年四月

荣誉证书

湖北鑫索建设有限公司：

在黄石市"两帮两助""三送一稳"精准脱贫行动中贡献突出，特予以通报表扬！

黄石市工商业联合会　黄石市人民政府扶贫开发办公室
二○二○年九月二十日

湖北鑫索建设有限公司

黄石市2018-2019年度

守合同重信用企业

黄石市市场监督管理局
二○二○年八月

荣誉证书
HONORARY CREDENTIAL

湖北鑫索建设有限公司：

在新冠肺炎疫情防控工作中表现突出，获抗疫积极贡献奖。

黄石市工商业联合会　黄石市商会
二○二○年九月

2020年度建筑业

先进单位

大冶市住房和城乡建设局
二○二一年五月

荣誉证书
HONORARY CREDENTIAL

授予：湖北鑫索建设有限公司党支部

全市先进基层党组织称号，特颁发此证书。

中共大冶市委
二○二一年六月

大冶市2021年度主题劳动竞赛

一等奖

大冶市总工会
二○二二年二月

黄石城区长江段线综合整治工程——沿江大道

该项目为黄石首座钢箱梁立交桥，由中铁大桥局六公司总承包，我公司负责钢结构制作安装，桥长684米，钢箱梁长度为450米，总重量5000余吨，历时3个月已全部完成制作安装。

湖北和乐门业有限公司智能工程门生产制造项目

该项目于2020年开始施工，已完成施工面积38万平方米，工程以单层结构，多层结构加设行车结构为主，单体结构最大达10万平方米，目前在边设计、边施工过程中，预计总量达60万平方米。

武汉立体车库

该项目为亚洲最大的智能化主体车库，由中国一冶总承包，我公司分包制作，车库高13层能同时停放2200台车，该项目构件数量多、工期短，构件为螺栓连接后焊接，所有构件孔位标准，安装精度高，该项目荣获"中国建筑工程鲁班奖"。

武汉国际博览中心-协作加工

该项目体量大，由我公司承接制作、安装，构件总重量为12万吨，2011年10月投入使用。

劲酒产业园配套厂房

该项目位于黄石市黄金山开发区，总投资40亿元，工程于2015年4月开工，2016年竣工。项目内所有钢构件由我公司制作、安装，用双层架设，厂房建筑面积3.6万平方米，投入使用后获业主方好评。

天河机场T3航站楼

该项目由中建钢构总承包，我公司做配套加工制作，工程为大跨度空间型钢结构，总制作量5000余吨。项目中我公司保证现场施工有序进行，并实现构件按期保质完成任务，零返工，零投诉。

黄石天津路人行天桥

该项目地处黄石繁华地段，为百年大计之民生工程，由中铁十一局总承包，我公司负责钢箱梁制作与安装架设，该工程于2021年元月完成，获得黄石市政府及总承包单位的高度赞扬。

安徽劲佳包装有限公司1#、2#厂房工程

该项目于2020年4月开始施工，2021年竣工，总建筑面积10.4万平方米，为我公司总承包建设，该工程为安徽亳州市重点建设项目，验收合格后已全面投产使用，荣获安徽省亳州市"优秀项目奖"。

大冶市新冶特钢有限责任公司

该项目于2013年5月开始施工，2014年3月完成，钢构主体由我公司制作安装，钢结构厂房面积为7.6万平方米，该工程工期短、任务重，我公司克服重重困难按期保质保量完成，并已投入使用，获得业主方一致好评。

云南寻沾高速-协作加工

该项目由中国中铁集团公司总承包，由我公司制作安装，钢结构总重量约为3.6万吨，现场安装穿孔合格率100%，零返工。

鄂州顺丰机场塔台工程项目钢结构工程

该项目由中建三局总承包，我公司负责钢结构制作与施工，项目制作安装难度大，在标高88米开始架设，为360度空间异型钢结构，构件以环形，双曲线箱型为主，已在合同期内保质保量圆满完成并交付使用，获"中建三局优质分包商"称号。

新疆大剧院

该项目2013年4月开始施工，项目结点多，异型构件量大，由我公司制作安装，2014年9月竣工。

公司简介
Company Profile

湖北杰达建筑工程有限公司成立于2013年8月15日，注册资本12860万元人民币。公司目前具备建筑工程施工总承包二级；建筑幕墙工程专业承包二级；建筑装修装饰工程专业承包二级；钢结构工程专业承包一级；防水防腐保温工程专业承包二级；古建筑工程专业承包二级；市政公用工程施工总承包三级；城市园林绿化总承包三级；环保工程专业承包三级；城市及道路照明工程专业承包三级；地基基础工程专业承包三级；文物保护工程施工三级；机电工程施工总承包三级；水利水电工程施工总承包三级；桥梁工程专业承包三级；隧道工程专业承包三级；特种工程专业承包资质；施工劳务企业资质；模板脚手架专业承包资质；地质灾害治理工程施工资质；工程造价咨询乙级；工程建设监理资质乙级；拍卖企业资质；劳务派遣资质、人力资源服务资质；各类工程的招标代理业务；政府采购法规定的货物、工程和服务的政府采购项目代理业务及政府采购咨询服务业务。

公司自成立以来一直奉行"勇于开拓、真抓实干、锐意进取、创造精品"的企业宗旨，始终坚持以市场为导向，以质量为根本，以用户满意为标准，努力实践"诚信为本"的经营理念。在激烈的建筑市场中勇立潮头，取得了良好的经济效益和社会效益。

随着企业经营规模的不断壮大，总体实力的不断增强。公司现有各类工程及经济管理人员400多人，其中项目经理26人，监理工程师10名，造价师8名，各类高级、中级技术职称专业人员85人，初级职称140余人；季节性合同工150人；拥有建筑、装饰、结构、深基坑、钢结构、市政、道路、园林、绿化、机电设备、暖通、水电、智能、造价、咨询、项目管理等各类专业人才，专业配套齐全，技术实力雄厚。

公司自创建以来，累计完成业绩总值约30亿元。营业收入持续几年保持20%的增长速度。自2015年至今，公司每年获得行政主管部门评选的"先进单位和优秀企业"，且公司多名项目经理多次获得行政主管部门评选的"优秀项目经理"。2018年公司荣获"信用企业""质量服务诚信单位""诚信经营示范单位""重合同守信用企业"3A证书。

2018年公司收购了湖北日隆拍卖有限公司；2019年成立了新杰达置业有限公司，注册资本5000万元；2020年成立了湖北兴杰达装配建材科技有限公司，总投资3.1亿元；2021年成立了杰达（湖北）酒业有限公司，注册资本5138万元；于2021年8月31日组建了湖北杰达建筑集团有限公司。

公司管理制度健全，经济承包责任制完善。严谨的工作作风，诚恳的服务态度使本公司得到长足的发展。承建的工程已遍布广东、贵州、湖北、江西、重庆等地。公司结合建筑施工企业的特点，严格遵守《建设工程质量管理条例》和《建设工程安全生产条例》，牢固树立"安全生产警钟长鸣，质量责任重于泰山"的思想意识，认真执行建设工程强制性标准和施工验收规范，施工中从未发生质量及安全事故。历年承建的工程合格率为100%，优良率达60%。

公司将根据企业的自身发展状况，结合社会发展需求，以现代企业管理制度为契机，不断探讨企业的优化组合构架，寻求可持续发展战略，走多元化道路，实现全员奋斗，同心协力，勇于探索，贯彻ISO 9000标准和最新颁布实行的《建筑工程质量管理条例》，接受建设主管部门监督，竭诚为社会各界提供优质的建筑工程和良好的服务，与社会各界共创美好未来。

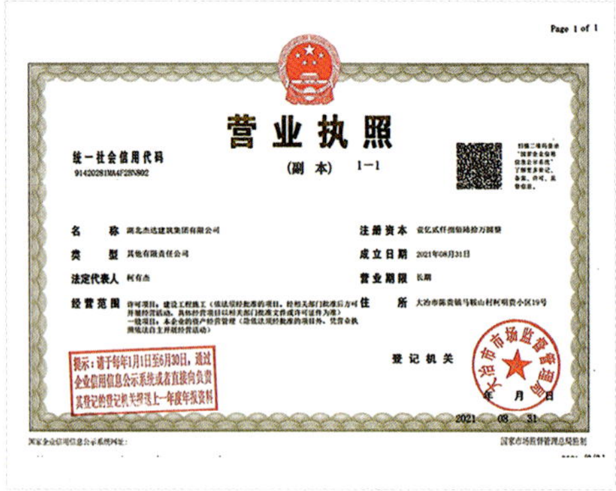

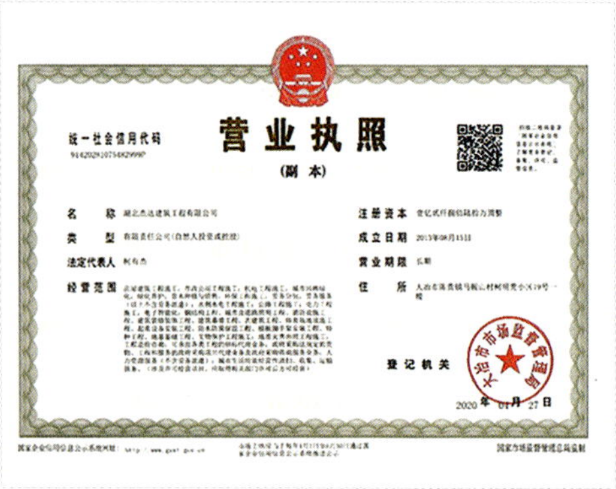

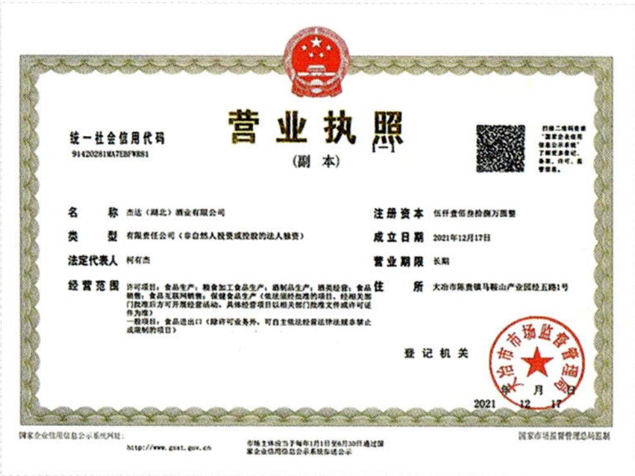

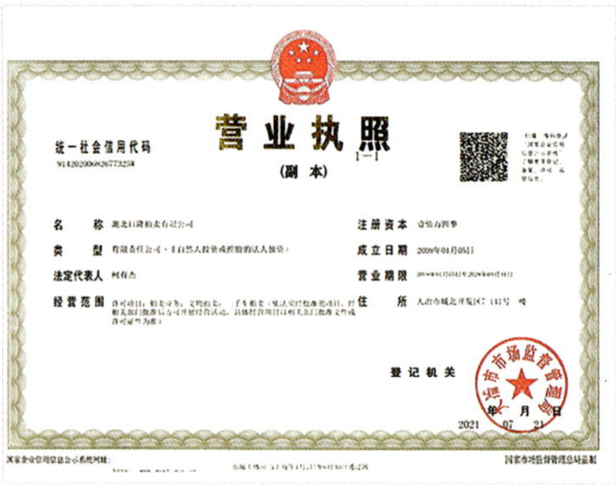

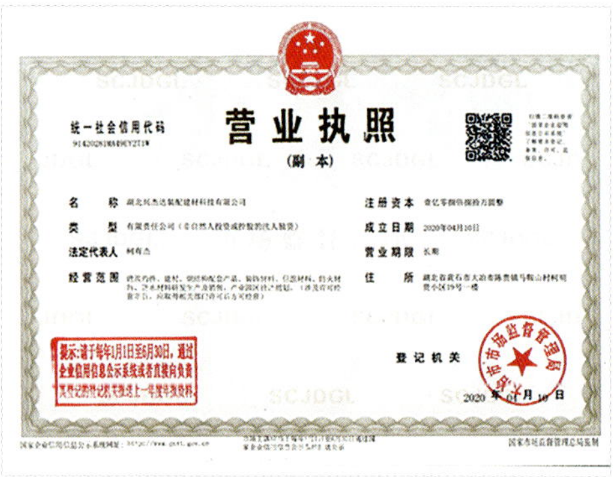

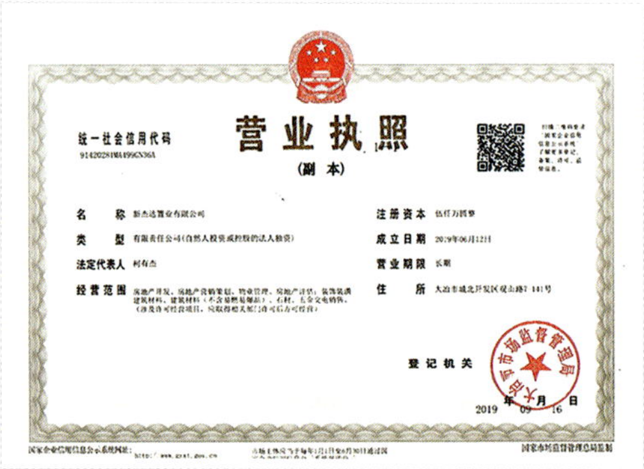

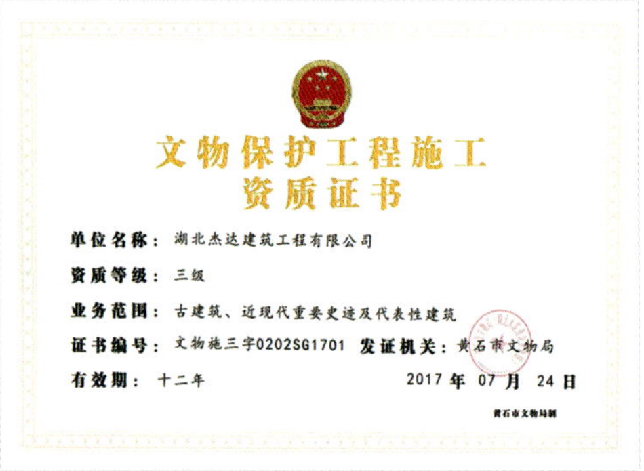

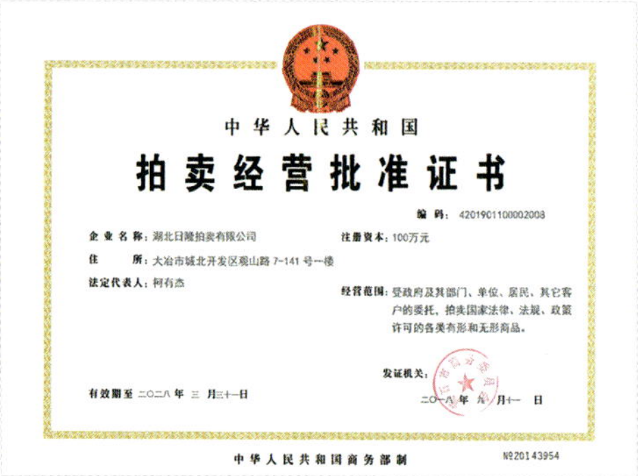

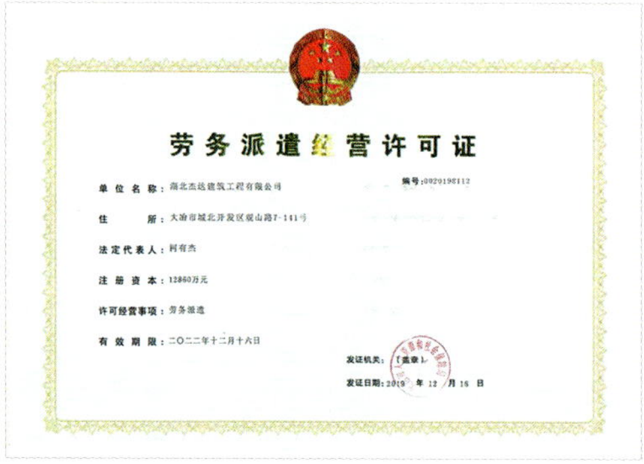

一级资质

二级资质批准证

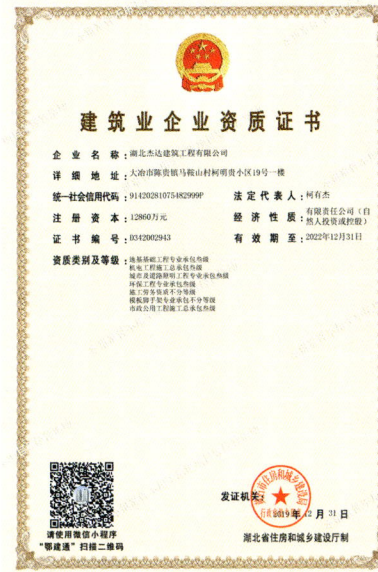

三级资质批准证

安全许可资质批准证

监理资质批准证

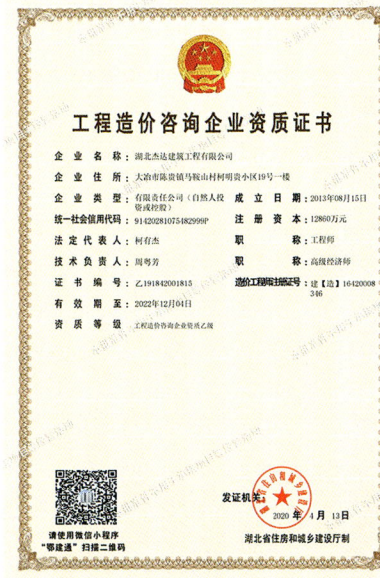

造价咨询资质批准证

湖北省守合同重信用企业

黄石市守合同重信用企业

2015 年度建筑业"先进单位和优秀企业"

2016 年度建筑业"先进单位和优秀企业"

2017 年度建筑业"先进单位"

2018 年度建筑业"先进企业"

2019 年度建筑业"先进单位"

2020 年度建筑业"先进单位"

磷酸铁锂、三元正极、硅碳负极材料生产项目二期三标段

国家电投白音华坑口电厂 2×66 万千瓦超超临界机组新建工程输煤系统、公用和附属工程、灰场建筑安装工程 #2 标段，输煤系统建筑工程

江西德安县丰林工业新区"五统一"项目

高州协鑫分布式能源项目 275 兆瓦燃气 – 蒸汽联合循环机组建筑工程标段四

鑫业花苑 2# 楼、5# 楼、6# 楼、8# 楼、10# 楼、11# 楼、泰业社区服务中心、地下汽车库 2 标

湖北融通高科二期厂房代建项目

HUBEI DAYE CITY
CONSTRUCTION
ENTERPRISE
2022

五

水利水电工程

![logo] 湖北兴禹水利工程有限责任公司

HUBEI XINGYU SHUILI GONGCHENG YOUXIAN ZEREN GONGSI

公司简介

Company Profile

　　湖北兴禹水利工程有限责任公司成立于2005年，民营企业。注册资金4070万元，位于湖北省大冶市七里界路19号金贸大厦B6-2。

　　公司有水利水电工程施工总承包、钢结构工程专业承包二级资质，市政工程施工总承包、房屋建筑工程施工总承包、建筑装修装饰专业承包、地基基础工程专业承包、环境保护工程专业承包、古建筑工程专业承包三级资质，地质灾害治理工程施工乙级资质，劳务分包等资质。

　　经营范围另外还有：园林绿化工程、土石方工程、公路工程、机电工程、城市及道路照明工程、电子与智能化工程、拆除工程、喷灌、滴管、微灌、节水灌溉工程施工、河道采砂、水污染治理、工程机械与设备租赁、工程管理与技术服务、建材销售等业务。

　　公司下属有6个专业作业队和3个分公司，员工158人，注册建造师23人、一级建造师5人、注册造价工程师3人、高级工程师2人、中级职称人员38人、专业技术和现场管理人员79人、优秀项目经理8人。拥有发明专利1项、实用新型专利2项和软件著作权5个。

　　公司通过了质量、环境、职业健康、企业诚信管理体系认证和水利安全生产标准化认证。十多年来，公司在全国范围内建造了一大批优良工程，先后受到省、市及行业部门的多次表彰，被授予"守合同重信用"企业。荣获"黄石首届诚信示范"企业，红榜推广企业，市级"文明单位"和"先进单位"及"优秀党支部"称号。连续多年评为税务信用等级A级纳税人，银行资信等级AAA，中水协企业信用等级AAA。

　　公司始终秉承"安全第一、质量至上、以人为本、诚信规范"的宗旨，持续推进技术创新、继续提高质量管理和服务水平。愿与各界朋友携手共进、共赢发展，共创美好未来，为社会做出更大贡献！

企业资质

Enterprise Qualification

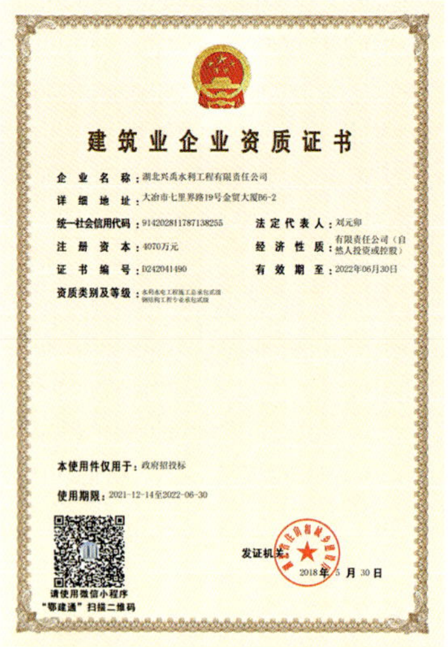

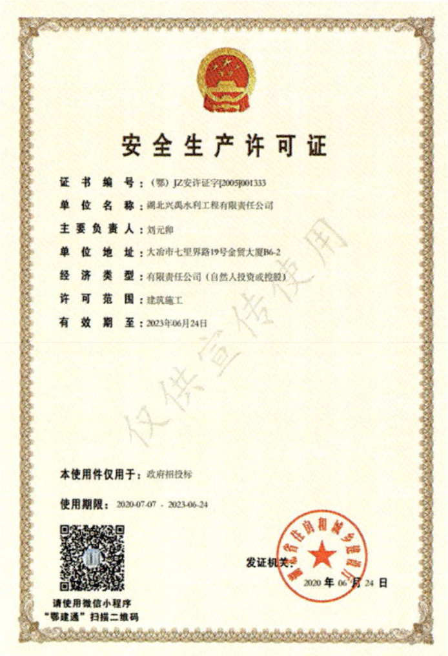

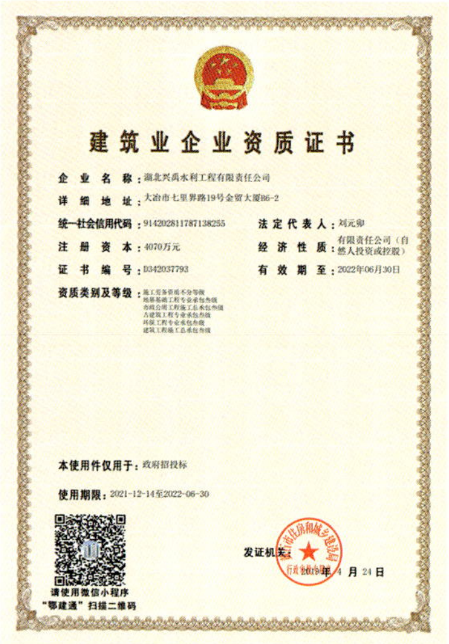

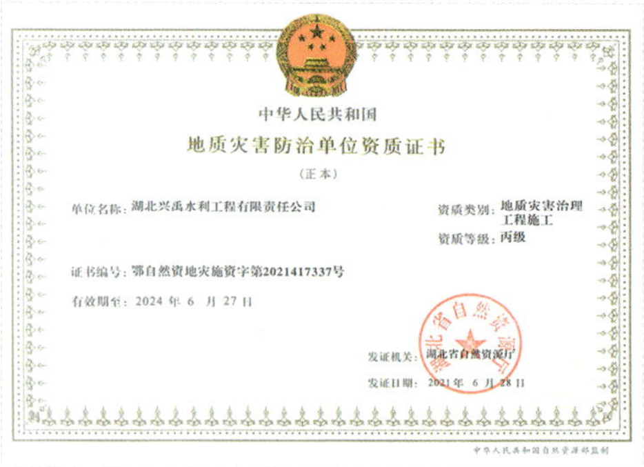

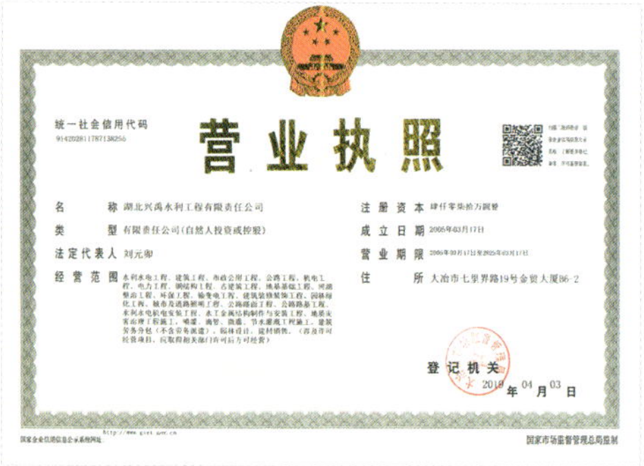

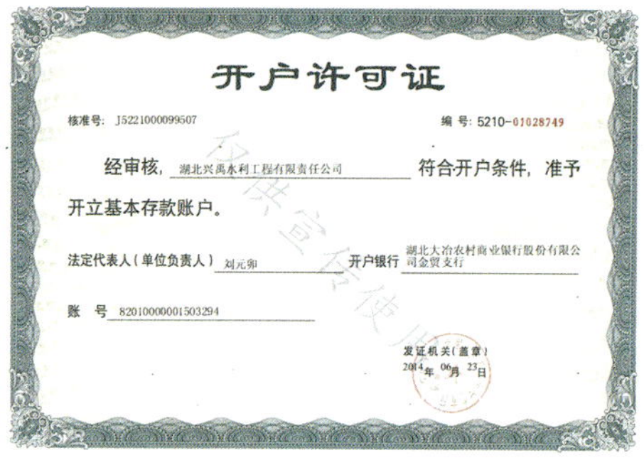

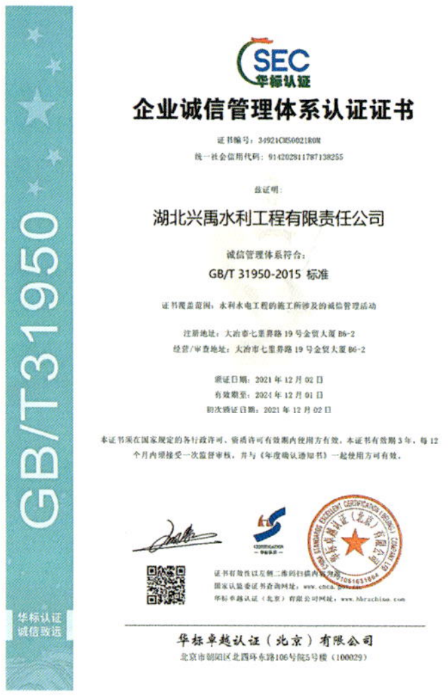

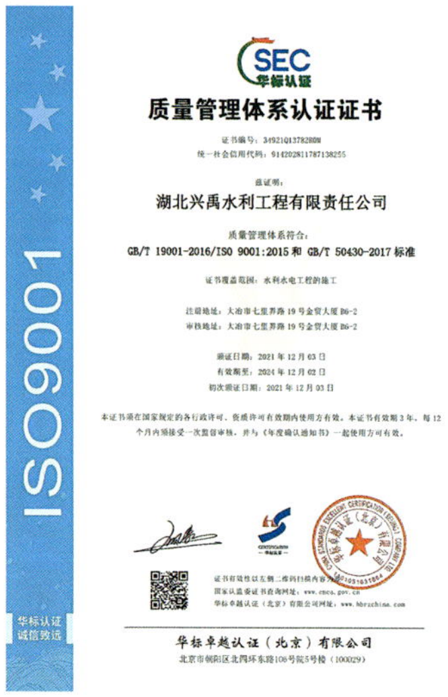

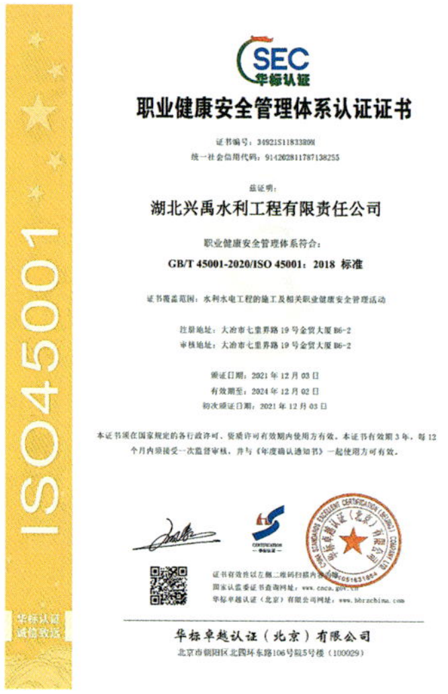

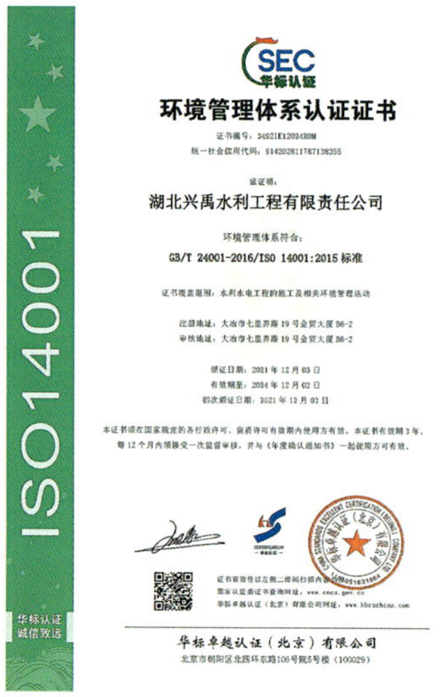

企业荣誉
Corporate Honor

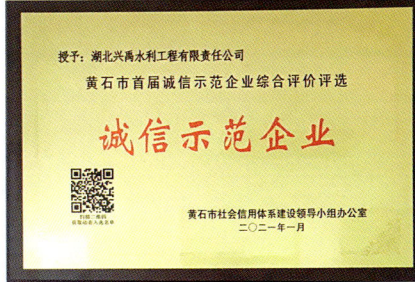

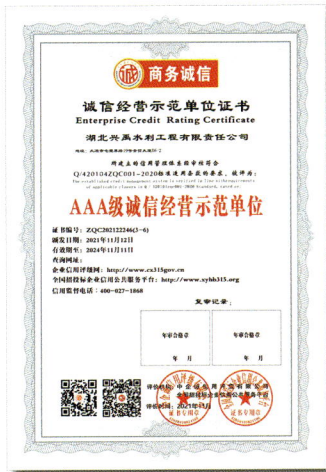

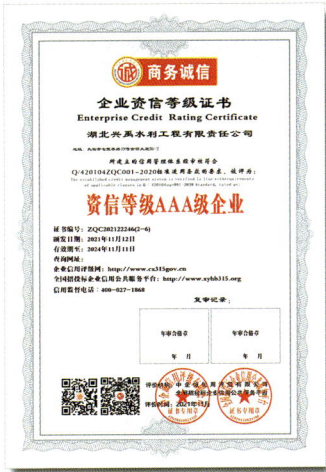

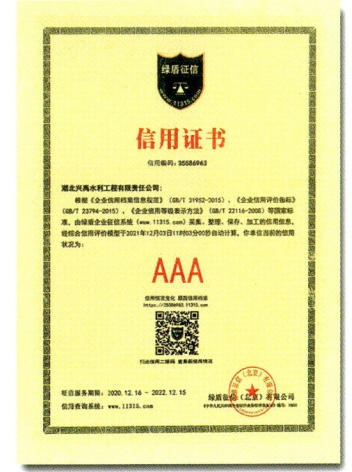

甘肃省迭部县扎尕那景区纳加石门人工湖建设工程

环境综合治理女儿港清淤疏浚工程

罗田栗子坳小水电工程

大冶市东风农场水厂提水泵站工程

通城（隽水河）水系连通及生态治理工程

大冶市石家垲水厂工程

福建沙县东溪东山段河道治理工程

广水关门咀水库工程

大冶湖湖岸整治工程

潜江渔洋镇从家片高标农田新建工程

图书在版编目（CIP）数据

湖北大冶市建筑企业. 2022 = HUBEI DAYE CITY CONSTRUCTION ENTERPRISE 2022 / 大冶市住房和城乡建设局，大冶市建筑业协会编. — 北京：中国城市出版社，2022.7

ISBN 978-7-5074-3491-0

Ⅰ.①湖… Ⅱ.①大… ②大… Ⅲ.①建筑企业—企业发展—研究—大冶—2022 Ⅳ.①F426.9

中国版本图书馆CIP数据核字（2022）第134146号

本书为湖北大冶市建筑企业工程汇编，共收录了31家在大冶的从事建筑业的企业，以及其在建筑业领域做出的突出贡献和优秀工程项目。该书十分直观地向读者呈现了在国家政策支持下，大冶市建筑业企业内抓管理、外拓市场，积极转型，不断推动先进制造业与建筑业的融合发展。本书适用于建筑业领域的从业者阅读参考。

责任编辑：胡永旭　唐　旭　吴　绫　张　华
书籍设计：锋尚设计
责任校对：王　烨

湖北大冶市建筑企业2022
HUBEI DAYE CITY CONSTRUCTION ENTERPRISE
大冶市住房和城乡建设局
大冶市建筑业协会　　编
*
中国城市出版社出版、发行（北京海淀三里河路9号）
各地新华书店、建筑书店经销
北京锋尚制版有限公司制版
北京富诚彩色印刷有限公司印刷
*
开本：889毫米×1194毫米　1/12　印张：17　字数：360千字
2022年8月第一版　　2022年8月第一次印刷
定价：**188.00**元
ISBN 978-7-5074-3491-0
（904473）